Jornadas sobre el Derecho de los pobres a la información y la
educación, auspiciadas por el Movimiento de los Sin Techo,
Santa Fe Argentina, mayo 2005.

*Alfonso Gumucio, Washinton Uranga, Frank Gerace, Luis Ramiro Beltrán,
Juan díaz Bordenave, Daniel Prieto Castillo*

### PRESENTACIÓN DEL LIBRO POR LA LIBRERÍA STUDIUM, LIMA 1973

La publicación de esta obra ha parecido conveniente a Editorial Studium
porque llena una laguna en la literatura sobre las comunicaciones.

La mayoría de los libros sobre el tema son traducidos de obras escritas
en países altamente tecnificados; además suelen ser densamente teóricos
o fríamente técnicos. La presente obra es el fruto de la reflexión y
experiencia de los autores en radio, televisión y promoción popular
en Perú y Bolivia.

El libro es polémico. Es nuestro deseo contribuir a una discusión franca
comprometida con la realidad de los medios masivos latinoamericanos.

REVISADO Y ACTUALIZADO 2005

COMUNICACIÓN HORIZONTAL

FRANK GERACE

REVISADO Y ACTUALIZADO

FRANK
GERACE
LARUFA

# COMUNICACION HORIZONTAL

CAMBIOS DE
ESTRUCTURAS Y
MOVILIZACION
SOCIAL

# La Comunicación Social En América Latina

Una actualización y ampliación del libro:

## Comunicación Horizontal
### Editorial Studium, Lima Perú, 1975

## Frank Gerace
Actualizado, New York, 2018

# Prefacio

El advenimiento de la publicación digital me motiva a volver a presentar unas ideas que en su día resonaron en ambientes políticos y académicos en América Latina.

Me han dicho que estas ideas aún tienen valor después de tantos años. Esperando que esto sea verdad, pongo aquí el libro en el cual fueron plasmadas en Lima, Perú en el añ0 1973, *Comunicación Horizontal: Cambio de Estructura y Movilización Social.* Además, sigue útil reunir en un lugar un cotejo de los elementos principales que inciden en la comunicación social participada: la visión Freiriana de la educación, el poder de los medios masivos, la tecnología, las clases sociales, la teoría de la comunicación, el análisis de símbolos, el capitalismo, y otros temas afines.

Aquella vez aporté algo al poner por escrito unas reflexiones. Su aparición en nuestros días se debe al esfuerzo del Profesor José Luís Aguirre Alvis de la facultad de Ciencias de la Comunicación de la Universidad Pontificia de La Paz, Bolivia.

El lector moderno encontrará regadas por el libro unas notas aclaratorias "Nota 2012" que pretenden vincular la visión original con la realidad de hoy.

Acompañan este libro unos documentos inspirados en él. Primero, dos trabajos del encuentro "El Derecho de los Pobres a la Comunicación" de Santa Fe, Argentina, mayo 17-18, 2005. Luego, una comparación de dos proyectos de radio campesina.

Frank Gerace New York, febrero 2012

# CONTENIDOS

# Comunicación Horizontal
## Cambio de Estructuras
## y Movilización Social

**El libro original de Lima Perú, 1975**
**ampliado y actualizado**

## PRESENTACION DEL LIBRO DE PARTE DE LA LIBRERÍA ESTUDIUM

El autor de este libro, Frank Gerace y su colaborador, Hernando Lázaro nos presentan una visión novedosa y experimentada de las comunicaciones en manos del pueblo.

La publicación de esta obra ha parecido conveniente a Editorial Studium porque llena una laguna en la literatura sobre las comunicaciones.

La mayoría de los libros sobre el tema son traducidos de obras escritas en países altamente tecnificados; Además, suelen ser densamente teóricos o fríamente técnicos. La presente obra es el fruto de la reflexión y experiencia de los autores en radio, televisión y promoción popular en Perú y Bolivia.

El libro es polémico. Es nuestro deseo contribuir a una discusión franca comprometida con la realidad de los medios masivos latinoamericanos.

Los autores serán los primeros en aceptar la crítica y reajustes que arroje esa discusión.

1

Editorial Studium, presenta este libro pensando en su utilidad como texto universitario y manual popular. Casi todos los capítulos son el fruto de trabajos, ensayos, planes y reuniones en Perú y otras partes de América donde los autores han participado en seminarios y cursos en el área de comunicaciones. Conocedores de la aceptación previa de sus planteos, nos pareció bien sacar los artículos teóricos junto con los modelos de posibles realizaciones prácticas con distintos medios de la comunicación horizontal.

El capítulo "Hacia una tercera comunicación" ha sido publicado en Colombia, el año pasado. El capítulo "Comunicación y Participación" fue documento en el Seminario Operacional Latinoamericano de Educación de Adultos de CREFAL-UNESCO en Trujillo – Perú. Otros capítulos comprenden material altamente avalado por organismos peruanos de Educación Fundamental, comunicaciones masivas y de capacitación popular.

Los autores insisten en que una condición previa para la comunicación horizontal es un compromiso con la lucha de liberación de los pueblos.

Ellos se basan en la pedagogía de Paolo Freyre. Esperamos que los muchos discípulos de Freyre encuentren en este libro algunas pautas prácticas para llevar sus esfuerzos de cambio cultural y dialógico al campo de los modernos medios de comunicación. Reconocen el deber intelectual con otro sabio, con el lingüista Chomsky.

*"Creo que las ideas políticas de cada cual, o sus ideas sobre la organización social, deben basarse en última instancia en algún concepto acerca de la naturaleza humana y de las necesidades humanas. Ahora bien, mi impresión personal es que la capacidad humana fundamental es la capacidad de autoexpresión creadora, la necesidad del libre control de la propia vida y del pensamiento en todos sus aspectos. Una proyección particularmente importante de esta facultad es la utilización creadora del lenguaje en cuanto libre instrumento de pensamiento y expresión. Pues bien, al tener esta idea acerca de la naturaleza y de las necesidades humanas, uno se siente inclinado a pensar sobre las formas de organización social que permitan el desarrollo más libre y completo del individuo, de las facultades de cada individuo, cualquiera que sea la dirección que tome, que le permita ser enteramente humano para que cuente con las más amplias posibilidades de libertad ya acción. Discurriendo por este camino se puede llegar realmente a constituir una ciencia social en la que determinado concepto de organización social se halle vinculado a un concepto sobre la naturaleza humana, que esté debidamente cimentado empíricamente y que de alguna manera incluso llegue a juicios de valor sobre la forma de sociedad a adoptar, cómo debería cambiar, y cómo habría de ser reconstruida. Quiero destacar nuevamente que en lo fundamental las dos son lógicamente independientes, pero puede esbozarse una cierta conexión".*

Noam Chomsky
Sobre Política y Lingüística, pp., 27 y 28
Anagrama. Barcelona. 1971

# INTRODUCCION

Hace poco tiempo nos hubiéramos reído de la idea de escribir un libro. Los dos somos hombres activos, hasta activistas, más dados a la acción que a la reflexión. Hemos trabajado en Bolivia en promoción y organización campesina a través de Escuelas Radiofónicas. Aparte de la experiencia a todos los niveles de la radiodifusión en Bolivia, nuestra experiencia colectiva abarca la producción para la televisión tanto boliviana como norteamericana.

Lo que nos ha impulsado a reflexionar sobre esta experiencia ha sido la oportunidad que nos brindó nuestro contrato con el Centro Latinoamericano del Lenguaje Total en Lima. Tuvimos a nuestro cargo la aplicación de la pedagogía de los medios de comunicación a la educación asistemática. Aquí pudimos profundizar nuestra reflexión sobre los medios de comunicación social. Nuestro punto de partida fue la convicción de la importancia de los medios masivos en el mundo de hoy. Nuestra experiencia en el campo de la educación informal nos llevó a la progresiva elaboración de nuestra visión propia de la teoría de la comunicación más adecuada a la realidad que vivimos. Un factor decisivo en la visión de las comunicaciones horizontales que estamos forjando ha sido la pedagogía de Paulo Freire. Han venido a ser piezas fundamentales de nuestra teoría las siguientes realidades: el diálogo, la ubicación del hombre frente al mundo y el concepto de concientización.

Entonces los siguientes ensayos son el resultado de nuestra experiencia práctica a nivel de bases y de nuestra investigación y estudio sobre los temas del papel de los sentidos en el aprendizaje, del impacto del signo, la creatividad y de las demás áreas de las ciencias de la comunicación.

El siguiente extracto ubica nuestra mentalidad de los primeros meses de 1972. Son las premisas ideológicas con que presentamos una reflexión sobre el uso dialógico del medio de las historietas o "comics". El documento fue resultado de una consulta que sostuvimos con una entidad de investigación sociológica que llevaba un proyecto con las comunidades industriales peruanas.

1.    El impacto de los medios masivos de comunicación es un hecho indiscutible en nuestra "era electrónica". Estos medios electrónicos han llegado a modificar e implantar una    nueva    sociedad.    Los    medios    mismos, independientemente de su contenido, están influyendo en la psicología, sociología, cultura y demás manifestaciones de la sociedad.

2.    Esta influencia de los medios de comunicación social es casi totalmente criatura, servidora, divulgadora y propagandista de la nueva sociedad de consumo. La "industria cultural" está en manos de unos pocos que propagan el nuevo imperialismo de nuestros días, "el imperialismo cultural". De aquí que, aunque reconocemos y aceptamos la unificación de la humanidad que significa la extensión de los medios de comunicación, tenemos reparos con su ideología masificante y alienante, e insistimos en la importancia del contenido propio, creación de cada grupo humano, en nuestro caso, del Perú revolucionario.

3.    Aparte de la influencia de los medios electrónicos en el hombre de hoy, aceptamos como pedagogía comprobada la importancia de los sentidos y de lo sensorial en el aprendizaje humano. Aunque la educación sensorial tiene validez propia, independientemente de los medios

electrónicos, cobra más actualidad con los recursos modernos.

4.  Insistimos en la educación dialógica como la única que tiene posibilidad de ser liberadora del espíritu humano. La educación tradicional depositaria y trasportadora de conocimientos entregados a priori al educando, nunca logra el despertar de la personalidad del educando. Sólo a través de una dialéctica que abarca los momentos de percepción y reflexión, se puede llegar a la desalienación, la conciencia crítica y la creación de la personalidad y de la cultura propia.

Desde la época de la redacción de las premisas reproducidas arriba, hemos recorrido mucho terreno. Ahora no creemos tanto en el efecto benéfico de los medios masivos. Hemos llegado a tomar la posición de que, en la actual situación, casi siempre son instrumentos irremediablemente comprometidos con los demás mecanismos de opresión en América Latina. Rechazamos la posición lírica del "hombre nuevo", producto de los medios masivos de comunicación social y discrepamos vehementemente con la aseveración de que el "medio es el mensaje". Insistimos que importan mucho los contenidos transmitidos por los medios de comunicación social.

Los capítulos teóricos de este libro salieron en forma de separatas mimeografiadas que eran distribuidas a nuestros amigos y colegas comunicadores. Todos nacieron de las consultas que llevábamos con distintas entidades privadas y públicas. Los documentos que son la base del libro sirvieron de documentos de trabajo para instituciones de capacitación, tanto urbana como rural, de teleducación de comunicaciones masivas. El capítulo "Hacia una tercera comunicación" se publicó en la revista "Educación Hoy" de Bogotá. El ensayo "Comunicación y Organización" nació

3

de críticas hechas al documento "Comunicación y Participación" por amigos peruanos. Es muy probable que la forma final no sea de su completo agrado. Las deficiencias son responsabilidad nuestra. El posible valor de haber aterrizado a realidades políticas se debe a su crítica.

Después de terminar nuestro trabajo, conocimos el libro Comunicación Masiva y Revolución Socialista de Mattelart, Biedma y Funes (Ediciones Prensa Latinoamericana, Santiago 1971) Nos fue muy grato ver las mismas inquietudes nuestras reflejadas en esta obra. Nos confirma en nuestra convicción que es urgente encontrar nuevas formas de comunicación liberadora, socializadora y desenajenadoras. Las experiencias bolivianas y peruanas que hemos vivido coinciden con la visión emanada de Chile. Cuando una idea se madura nada la frena. Nos colocamos en la misma línea con nuestros compañeros chilenos. Este libro es un libro político. No hablamos de la comunicación en términos de "estímulo y respuesta", sino de participación y organización.

Dedicamos el libro a nuestros compatriotas caídos en la incipiente liberación de su país. Desde Bolivia, el corazón de América, ha de irradiarse la comunicación liberadora que ansía el pueblo explotado del continente. Lo dedicamos a todos los bolivianos que están sufriendo en el exilio en el extranjero y en la clandestinidad en Bolivia. Finalmente lo dedicamos en forma especial a los compañeros periodistas y comunicadores. Esperamos que por intermedio de estas páginas nos unamos en espíritu, a pesar de las distancias que nos separan en el exilio, para prepararnos para la tarea de implantar, muy pronto, una verdadera comunicación horizontal en Bolivia.

*Nota 2012: La presente actualización se dedica a los comunicadores bolivianos que nos han dejado en los años pasados desde la primera edición: Antonio Anzoátegui Media, Germán Vaca Terrazas, Luis Espinal Camps, Jaime Reyes Velásquez, y a los desconocidos líderes de la incipiente radio comunitaria.*

# HACIA UNA TERCERA COMUNICACIÓN

Ante los cambios estructurales de las telecomunicaciones y el impacto de estos cambios en la educación y movilización social, parece importante reexaminar la teoría de comunicaciones y proyectar algunas aplicaciones de la teoría a las tareas prácticas requeridas por un nuevo continente revolucionario.

De entrada, salta a la vista que la mayoría de la literatura existente en el campo de la teoría de los medios masivos de comunicación es de origen norteamericano. Durante muchos años, el texto básico sobre los "mass-media" ha sido *The Process and Effects of Mass Communications* del profesor Wilbur Schramm de la Universidad de Stanford, de Estados Unidos.

Es sabido que muchos periodistas latinoamericanos han estudiado este libro. No es de extrañar que teorías como la de Schramm tengan divulgación masiva en América Latina, generando teorías y estrategias basadas en el modelo.

Los modelos a que hacemos referencia se valen del mecanismo fuente-canal-receptor como base de la comunicación.

Este artículo tratará de señalar algunas notas de estas teorías que parecen inaceptables. La objeción principal al punto de vista norteamericano, es que es de franca inspiración mecanicista.

# ORIGENES

El modelo fuente-canal-receptor se debe al libro The Mathematical Theory of Communication de los autores estadounidenses Claude Shannon y Warren Weaver. Cuando Shannon lanzó su teoría en 1947 y cuando Weaver y él publicaron el citado libro, ni siquiera se referían a la comunicación humana; hablaban de comunicación electrónica. En ese entonces, Shannon trabajaba para el laboratorio telefónico Bell.

En 1948, Norbert Wiener, otro norteamericano publicó un libro titulado "Cybernetics" Wiener había trabajado durante la II Guerra Mundial como ingeniero encargado de nuevos métodos de analizar y corregir la dirección automática de tiro antiaéreo.

*Nota 2012: En la época de la primera edición pocos sabían de la inminente llegada de la computadora personal.*

No hay duda que las contribuciones de Shannon y Wiener han sido grandes. La visión de Wiener, en particular, ha desembocado en la nueva ciencia de la cibernética que estudia la semejanza entre muchos aspectos de la física y la biología y que se presta a la aclaración de muchos factores de actividad humana.

Sin embargo, sostenemos que semejantes moldes mecanicistas de pensamiento sobre la comunicación humana, entorpecen el desarrollo de otras teorías más humanistas.

Son teorías y prácticas humanistas que hacen falta en el mundo de hoy, especialmente en el Tercer Mundo. Día tras día se hace más evidente el fracaso de las culturas altamente tecnificadas frente a las dimensiones humanas de la vida, por ejemplo, el trato dado a sus grupos minoritarios, la libertad de pensamiento de sus intelectuales, entre otros muchos ejemplos.

Mientras que el recurso más fecundo que tienen los países pobres es su elemento humano. Aunque escasea riqueza económica, hay riqueza humana. Esta riqueza se puede entender cuantitativamente reparando en las poblaciones en explosión, pero más aun cualitativamente por la fuerza moral de los pueblos no mutilados por el tecnicismo.

Es evidente que se seguirán estudiando las teorías provenientes de los sectores industrializados del mundo. No nos cerramos los ojos ni queremos poner obstáculos frente a esta realidad. Más bien, estamos con el pensamiento de INDICEP, un equipo que hasta ahora hace muy poco realizaba interesantes experiencias en el campo de la educación popular en Bolivia. Su punto de vista se expresa así:

*"No pretendemos que la nueva educación deba rechazar todos los aportes de la tecnología occidental, al contrario, debemos, como lo decía Mao-Tés Tungo, andar sobre nuestras dos piernas, es decir: dinamizar al máximo nuestro acervo cultural por una parte, y por otra parte, sacar todo el provecho posible de las técnicas occidentales. Interpretar lo nuevo según nuestra visión del mundo".*

**Nota 2012: Hoy sabemos que Mao, con su práctica represiva y totalitaria, traicionó esta visión de la cultura popular. No obstante, dejamos la cita en este lugar porque nos recuerda que sigue válida el concepto de INDICEP de la doble fuente de la comunicación popular.**

# ¿MECANICISMO O HUMANISMO?

Reconocemos que la visión mecanicista del mundo seguirá cundiendo. Por lo tanto, no lo consideramos exagerado señalar las deficiencias de esta visión, esperando interesar a otros en la tarea urgente de describir las actividades humanas no en función de cosas sino en función de personas.

Algunos autores intentan moderar sus teorías, quitándoles algo de su rigor mecanicista, recurriendo al concepto de proceso (por ejemplo, David K. Verlo, "Te Procesos of Comunicación", versión en castellano. Editorial "El Ateneo", Buenos Aires). Pero la visión reguladora de las cosas no se cambia. Estas modificaciones superficiales no alteran las categorías mentales. Es difícil entender cómo es posible apreciar una actividad tan humana como es la comunicación usando términos tan fríos y redolentes a alambres y fierros.

Si se busca al hombre nuevo, y se su buscan nuevas formas de diálogo entre hombres nuevos, parece que no es posible seguir cosificando a las personas humanas, tildándolas de fuentes y receptores o destinos.

La misma reflexión semántica hecha por Paulo Freire (Extensión o Comunicación, ICIRA, 1969, Santiago de Chile) en cuanto a la palabra "extensión" sirve para todas las palabras empleadas en la teoría fuente-canal-destino.

# LOS TERMINOS ANALIZADOS

Analizando los términos, vemos que normalmente en el habla diaria, sin torcer significaciones, las palabras se entienden así:

**Fuente:**
Manantial, origen, algo que suerte, emite; algo que no recibe nada por la misma presión
(como en el caso de una fuente de agua) de lo que expende.

**Canal:**
Vía, conducto, algo inerte; algo que no altera la naturaleza de lo canalizado.

**Destino:**
Término, fin, punto a donde se llega; suerte, lo que espera al hombre; por lo tanto, lo que espera; no actúa; es pasiva.

**Receptor:**
Por etimología, lo que recibe; un receptor de radio no trasmite; un recipiente recibe lo que se le eche.


Parece que las denotaciones y connotaciones necesarias de estas palabras nos llevan ineludiblemente a considerar la comunicación (aún cuando se insista en que es proceso) como flujo de un polo a otro, de la fuente impersonal al destino impersonal.

Además de sus notas mecanicistas, ampliamente descubiertas en el análisis semántico, se observa que los términos empleados en la teoría de la comunicación de procedencia norteamericana, tienen una fuerte carga mercantilista y propagandista.

Es un hecho que una gran parte del impulso dado al estudio de comunicaciones en Estados Unidos, proviene del sector de publicidad, del gran comercio. Era inevitable que como resultado de la investigación hecha en el campo de mercado y publicidad, quedara la teoría de comunicación marcada con preocupaciones y puntos de vista comerciales. El proceso de comunicación ya no se considera sólo mecánicamente como fuente-canal-receptor, sino como un proceso de compra-venta de ideas.

*Nota 2012: Esto ha llegado más allá de la comunicación. Ha crecido la tendencia de considerar el proceso de la educación como la producción de un "commodity" (objeto real de valor mercantil. Los alumnos ahora son "clientes", los directores son "gerentes", etc.*

De igual modo, la influencia de la propaganda política en la orientación del estudio de comunicaciones es impresionante. El libro, The Process and Effects of Mass Communications tiene una serie de capítulos dedicados al análisis de la propaganda política y de la guerra sicológica.

Si es evidente que la visión del proceso de comunicaciones vigente en la literatura actual es mecanicista, mercantilista y propagandista, se comprende la influencia nefasta de tales teorías en el Tercer Mundo.

Muchos de los proyectos de desarrollo ideados para el Tercer Mundo incluyen operacionalmente programas de comunicación que obedecen a los moldes descritos arribas. Progresivamente a través de los libros y a través de los "planes de desarrollo", se corre el peligro de desterrar los valores humanos de la comunicación personal.

Además de los textos de la teoría de comunicaciones traducidos al castellano con destino al nivel académico (por ejemplo, la edición del libro de Schramm), circulan muchos libros técnicos que difunden el mismo punto de vista. Se publicó una seria de manuales de comunicaciones dedicada a las técnicas de la extensión agrícola. Los libros fueron sacados por la editorial argentina "Albatros" conjuntamente con la Alianza para el Progreso.

Hemos visto varios números dedicados a la radio, TV., fotografía, etc. Son manuales técnicos muy útiles, pero surge la pregunta si no habría una conciencia de proselitismo tecnicista que procuró que todos los volúmenes de la serie tuvieran el mismo capítulo dedicado a conceptos en los cuales se presenta el proceso de comunicación con sus elementos fuente-mensaje-canal-receptor.

Una publicación del Ministerio de Agricultura del Brasil, demuestra que la divulgación de la teoría de comunicación tan celosamente emprendida por la U.S.A.I.D. y la Alianza para el Progreso, ha causado eco en Latinoamérica. Paulo Freire en su obra ya citada (Extensión o Comunicación, Pág. 20) proporciona el siguiente ejemplo del éxito de la teoría que sugerimos no sirve a los fines de liberación del Tercer Mundo por ser mecanicista, mercantilista y propagandista. La Publicación brasileña afirma que: "Persuadir a las poblaciones rurales a aceptar nuestra propaganda y aplicar estas posibilidades....es una tarea....del extensionista".

# CONSECUENCIAS

Los modelos teóricos suelen servir como "ganchos" conceptuales de los cuales dependen sistemas enteros de investigación y acción. Las nuevas generaciones estudiosas se forman dentro de los moldes de los textos que han estudiado. De ahí, la necesidad de volver a pensar las ciencias sociales, en nuestro caso, las comunicaciones, en términos más apropiados a la tarea de liberación.

Es un hecho que ha llegado la era electrónica, la cibernética, llámese lo que se quiera. Es sólo es cuantitativa la diferencia entre el impacto causado por estos medios en Lima y el que sufre el campesino del altiplano. La realidad es la misma; los medios masivos de comunicación calan hondo en el mundo de hoy.

No faltan quienes interpretan la naturaleza de los "mass-media" y sus efectos en la sociedad. Las más de las veces, estos autores son tecnócratas de la nueva industria de informaciones, o cuando menos, intelectuales cuyo marco de referencia son las hazañas de la electrónica en los países altamente desarrollados.

La consecuencia dañina del proceso de divulgación e interpretación de los modernos medios de comunicación es que la ideología político-económica de la industria de la información se avala con el prestigio de los logros técnicos.

Se completa el círculo vicioso. Los dueños de la industria de la información se convierten en magnates de la industria cultural. El Tercer Mundo no tiene elección libre. Los medios de comunicación le llegan ya cargados con ideología "programados" en dos niveles:

- La reflexión e investigación existentes se hacen por y para los medios de comunicación al servicio de la sociedad de consumo.
- El contenido invariablemente refleja los valores de la misma sociedad de consumo.

## EJEMPLO

Un ejemplo claro del círculo vicioso del adueñamiento de la teoría de comunicaciones por la ideología de los dueños de los medios de comunicación es el éxito que ha tenido el pensamiento de Marshall Mc Luhan. El pensador canadiense es el profeta genial de la era electrónica, no hay duda. Pero al mismo tiempo es necesario reconocer que él es o un genio conscientemente al servicio de la sociedad de consumo o un genio que no sabe frenar el abuso de su visión por otros intereses creados.

Sea como fuere, es evidente que Latinoamérica y el resto del Tercer Mundo no pueden aceptar, así nomás sin grandes salvedades, la idea central de Mc Luhan, que "el medio es el mensaje".

Reconocemos la chispa visionaria de esta frase. Es cierto que el mero hecho de vivir en el mundo de hoy, bombardeado de imágenes y sonidos, ejerce cambios substanciales en el hombre moderno. El hombre de hoy ya no aprende ni se comunica sólo por medio de la letra escrita. Esto es cierto, que los medios electrónicos de suyo traen la promesa de la unificación de la humanidad.

Los gobiernos y ciudadanos conscientes de los países pobres del mundo no pueden conformarse con la visión de Mc Luhan. No pueden aceptar la tesis de que no importa el contenido de la comunicación. Mientras que el contenido

14

siga siendo un contenido de valores burgueses, de individualismo, de afán de lucro, de estratificación social; ese contenido tiene que preocupar a todo ciudadano. Es tarea urgente de todos neutralizar el impacto de un contenido que no mira al bien del Tercer Mundo sino al provecho de una ideología que ya ha fracasado en América Latina.

## UNA VISION OPUESTA

A esta tarea, la de "desarmar algunas piezas fundamentales del aparato ideológico de Mc Luhan y poner al descubierto las 'representaciones falsas' que se proponen justificar el papel de la industria cultural en la civilización del bienestar" se dedica Antonio Pascuali, profesor de Filosofía y Ética de la Universidad Central de Venezuela. Pascuali parte de la definición de ideología como "conjunto homogéneo de ideas que trasciende la realidad para dar razón de ella, pero asentado en el supuesto natural-utilitarista de que la realidad en cuestión (por ejemplo, de tipo social), es inmovible y conveniente, 'dada' y por lo tanto contemplada y no transformable".

El pensador venezolano observa que el interés hacia Mc Luhan por parte de las "fuerzas vivas" del pensamiento conservador y de los magnates de la industria cultural ha sido entusiasta. Sugiere que ellos hallan en Mc Luhan una apología para sus actividades.

Si según Mc Luhan los medios de comunicación son "extensiones del hombre", se visten de autoridad moral y se constituyen en "dados" del mundo moderno, y por lo tanto, no hay otra solución que la de vivir con ellos como se vive con el clima, a veces disgustado pero sin mayor control sobre sus efectos en la vida. Es evidente que tal enseñanza viene muy bien a los dueños de la industria cultural.

"El Consejo de Mc Luhan", continúa Pacuali, "repite el slogan de todos los profetas de la conservación: las cosas son lo que son, basta contemplarlas sin transformarlas, es una inútil malicia creer que alguien las usa o explota a favor de unos y en contra de otros".

Tal aceptación acrítica de las categorías de la comunicación "puede llenar de regocijo a la Asociación Interamericana de Radiodifusión", a los publicistas y a los directores, pero constituye una ruidosa perversión de conceptos irrefutables tanto en el plano teórico como en el de las pruebas por las consecuencias prácticas".

Citamos largamente a Pascuali porque es el ejemplo halagador de una reflexión crítica de parte de un pensador latinoamericano frente a las sacrosantas teorías sajonas en el campo de los medios de comunicación. La vehemencia de sus argumentos nos da la razón en todo lo que hemos escrito hasta el momento en este artículo, a saber, que las teorías, como las de la *fuente-canal-receptor* y el lema de Mc Luhan *"el medio es el mensaje"* acondicionan la práctica, impactan en las estructuras sociales y son difíciles de derrumbar.

Entonces, si damos por descontado el hecho de la ideología de la industria cultural y del estado actual de la teoría de comunicación, es urgente concebir otras teorías de comunicaciones más acordes con los anhelos mayoritarios de Latinoamérica y el Tercer Mundo en general

Hemos indicado que las teorías más trajinadas en la actualidad padecen de mecanicismo. Vimos que conciben la comunicación en forma unilateral aun cuando hablan de un proceso. El público es un mero receptor. Aún donde hay interés por el receptor, ese interés está destinado al fracaso si sigue fiel al espíritu mecanicista en la teoría. Por más vuelta que se le dé al asunto, es la fuente nomás la que imprime su personalidad a la comunicación.

## ALIENACION

Un posible punto de partida que enfoca la situación del participante en el proceso de la comunicación sería el concepto de la alienación.

Podría ser útil investigar el proceso de comunicación bajo la óptica de la alienación. Cada persona que participa en una conversación o ve un programa de televisión o escucha la radio está sujeta a una influencia alienante. Cada mensaje que recibimos trata de imponernos la visión del mundo de quien nos está comunicando el mensaje.

Esta forma de analizar el proceso de comunicación no difiere mucho del enfoque clásico de origen norteamericano de fuente-canal-destino, pero tiene la ventaja de enfocar un peligro real que sufre el hombre del Tercer Mundo frente a la ideología omnipresente de la sociedad de consumo. Enfoca el problema de comunicación desde un punto de vista de defensa de la autonomía y dignidad del hombre.

Toma como postulado que hay lucha de ideología en el mundo de hoy. No se comunican mensajes políticamente asépticos. Cada comunicación o contribuye a la liberación de los pueblos o contribuye a esclavizarlos más. No hay mirones, o comentarios imparciales.

Entonces, cada comunicación, en la medida en que una persona busque convencer o instruir a otra persona, es un proceso de alienación.

Se busca la imposición de un sistema de valores a otro sistema. El proceso puede ser amistoso, pero no deja de ser imposición.

Se ha reconocido tardíamente en nuestros días que la única salvación para la persona como para una sociedad es fidelidad a lo propio. Los vicios del colonialismo, paternalismo y de toda dominación quedan claramente condenadas. Se dice que "no hay desarrollo sino a partir de su propio rollo" (Revista de Cultura Popular, INDICEP, Oruro, Bolivia). Además, hoy en día queda en claro que el obstáculo mayor a la revolución es la alienación de grandes sectores del pueblo del Tercer Mundo. Son esos sectores que se han asumido los valores de otras culturas e ideologías que no se identifican con las aspiraciones mayoritarias de su propio pueblo.

Por lo tanto, el concepto de alienación parece útil en la teoría de la comunicación. Nos recuerda considerar al "destino" o "receptor" como persona. Recordándole la obligación de defender su dignidad y autonomía personal, destacamos la necesidad de opciones conscientes.

Si cada comunicación se enfoca como una posible alienación, esto nos hace ver que el receptor no recibe pasivamente el mensaje; sino que está en la obligación de criticar, valorizar, aceptar o rechazar lo comunicado. Si acepta sin una crítica consciente, se deja alienar; permite que lo ajeno se adueñe de él. Si después de criticar y valorizar lo comunicado, lo acepta, no se trata de alienación sino de apropiación de lo válido de lo ajeno. Enfocar la realidad de la lucha de ideologías subraya la necesidad de la consciente crítica. La actitud de defensa contra toda alienación enfatiza la necesidad de percibir, criticar, valorizar y rechazar o apropiarse de todos los mensajes que nos conciernen.

Parecería que este enfoque podría profundizarse para romper los moldes capitalistas vigentes de la teoría de la comunicación, pero si en todo lo anterior hemos intentado una forma de usar otra terminología para desvirtuar la influencia de las frases mecanicistas vigentes hasta ahora, hacemos notar que el problema no es de palabras sino de acción. Las palabras tienen impacto, como hemos señalado, porque nos acondicionan, nos encauzan en nuestra práctica, nos limitan nuestra visión; pero a defecto de mejores maneras de analizar el proceso de comunicación, tenemos que emplear formas de acción que son dialógicas y participadas.

## DE LA NUEVA TEORIA A LA NUEVA PRÁCTICA

El propósito de este artículo ha sido el de llamar la atención a la persistencia de la visión mecanicista de la comunicación y a denunciar esa visión. Se ha pretendido dar este primer paso para que se sugieran formas viables de procurar más participación del pueblo en toda la comunicación, en particular, en los medios masivos de comunicación. No se pretende reavivar las soluciones parciales como el entusiasmo por la retroalimentación (feed-back), que a nuestro criterio sigue siendo una relegación al segundo plano del "receptor" a quien se le permite responder después del hecho a las iniciativas de otros privilegiados que controlan los medios de comunicación. Lo que se busca es acceso a los medios de comunicación.

Se trata de un "poder dual", o sistemas paralelos o alternativas controladas por el pueblo. Consideramos que es necesario extender la visión de Paulo Freire de procurar que el oprimido "pueda pronunciar su palabra". Tenemos que llevar la visión de Freire a toda la comunicación hasta a los medios masivos.

No nos conformamos con la visión quietista del concepto de fomentar la crítica en el "receptor". No es cuestión sólo de procurar que el oprimido se dé cuenta del contenido dominante y alienante de los programas de la industria cultural. Este achatamiento del concepto del juicio crítico no difiere mucho de la enseñanza tradicional o religiosa que dice que primero hay que cambiar al hombre para que el hombre cambie las estructuras.

Se trata de cambiar las estructuras. No se trata de cine-fórums que continúan descubriendo América, repitiendo que "las estructuras son injustas".

Aquí se ve claramente que nuestra preocupación por que los oprimidos se expresen aún a través de los medios masivos es una posición ideológica. Es imposible que los sistemas capitalistas de la industria cultural den la palabra al oprimido. Darán paliativos; tratarán de poner a sus lacayos de extracción popular como pantallas para argumentar que el pueblo tiene acceso a los medios de comunicación. Semejantes engaños no cambian la raíz del problema. El control de los medios de comunicación por el pueblo es un aspecto de la toma definitiva del poder por las masas. La única solución definitiva al problema de la comunicación es solución política.

¿Qué se hace mientras tanto? Tal vez la única solución parcial sea una especie de "guerrilla de comunicaciones", un "foquismo intelectual", en el que el pueblo privado de los medios masivos de comunicación busca otras formas de expresar su palabra.

Así, con esta última observación, terminamos esta reflexión. Esperamos haber iniciado un diálogo con otros interesados en la comunicación liberadora. En otros artículos pensamos ampliar algunas sugerencias y contar algunas experiencias ya realizadas de las distintas formas de fomentar el uso dialógico y participado de los medios de comunicación. Si se trata de una "comunicación guerrillera" hay que planear la táctica y estrategia.

## COMUNICACIÓN E INFORMACION

A veces se oye comentar que debe haber más interés en centralizar las actividades de producción para proveer contenidos más humanistas y concientizadores a los medios de comunicación social en América Latina. Se argumenta que actualmente se desperdician muchos recursos humanos y económicos en esfuerzos aislados. Los proponentes de la unificación de esfuerzos hacen notar que varias telenovelas, por ejemplo, Simplemente María, Nino, Angelitos Negros, La Cruz de María Cruces, han hecho impacto continental. *Nota 2012: Se nombran telenovelas de la época de la primera edición.*

Arguyen que se pueden trasmitir en la misma forma otros valores humanistas. Es importante reconocer el valor del planteo. Se nota una clara visión del impacto de los medios de comunicación social en la sociedad moderna.

Aunque se nota una superación de la idea de que es necesario instalar emisoras y equipos propios para aprovechar los medios masivos. No obstante, parece que mientras no se aclaren otros aspectos de la naturaleza de los medios masivos, sería un error proseguir con cualquier proyecto de envergadura, sea a nivel gubernamental o privado.

En este trabajo, se pretende sugerir dos áreas que merecen más profundización, a saber, todo lo referente al diálogo concientizador en el contexto de los medios de comunicación social y una investigación de la influencia de lo económico en las actuales estructuras de comunicación masiva.

## EL HOMBRE EN EL MUNDO

Mientras más alejados de la realidad observada y documentada, más inoperante y hasta contraproducente serán los proyectados centros de producción de programas para los medios de comunicación social.

Se puede insistir que la distancia geográfica no implica distanciamiento moral; se puede insistir que una obra técnica y artística se inspira en los valores del pueblo a través de auténtica representación de las bases en la investigación y realización de los programas. No es así. Por las razones esbozadas en otros capítulos es evidente que los centros técnicos y de producción inevitablemente distorsionan las palabras de las masas.

En este capítulo trataremos las bases filosóficas que fundamentan la inevitabilidad del fenómeno que se observa en la práctica, o sea, que los medios masivos de comunicación social no son instrumentos adecuados para la concientización del individuo ni para el cambio cultural de un pueblo.

El hombre reúne la dimensión material con la espiritual. Por intermedio de lo material en el hombre, su cuerpo siempre está en relación e interacción con el mundo. Es así que el hombre no es alma y cuerpo sino cuerpo viviente o animado, o bien alma corporal. Es el hombre, no su alma ni su cuerpo, que se interviene en el mundo, si esto no se toma en cuenta, toda educación fracasa. Y de hecho, la gran parte de la educación que se imparte en el mundo se olvida de la corporalidad del hombre, y por eso fracasa.

Si hemos llegado a ser adultos maduros y operantes es porque a algunos niveles en nuestra vida, algunos educadores nos han tratado como la unidad corporal espiritual que somos. Por ejemplo, nuestras madres difícilmente se olvidan de nuestro cuerpo que ellas han nutrido y acariciado. En el hogar nos trataron como seres humanos. En la escuela nos trataron como ángeles (o como diablos – pero siempre como espíritus desencarnados). A pesar del trato reinante en la escuela algunos educadores supieron vernos como seres cuyos tamaños, peso, sexo, zurdera o bizquera, jugaron un papel en nuestra formación.

El sistema educativo gana indulgencias por rezos ajenos. Por los aciertos de esos contadísimos educadores natos, algunos alumnos resultaron seres humanos relativamente sanos y libres de complejos- De todas maneras, eso no ha sido resultado de la educación intelectualista impartida oficialmente.


## EL HOMBRE COMUNICADOR

La misma falla básica aqueja la visión de la educación a través de los medios de comunicación social. Se cree que se puede influir en la cultura de los oyentes por intermedio de contenidos preparados a larga distancia sin la participación de los protagonistas en el drama de la vida del pueblo.

El mismo término "comunicación" encierra mucha confusión. Si la comunicación no suscita comunicación, es decir, si no unifica los polos comunicadores y comunicantes, es mera información.

Como es sabido, muchas empresas de "comunicación" no buscan la comunicación. La mayoría de los medios de comunicación tiene el lucro como su único fin. Otras emisoras y diarios tienen una ideología declarada, sea partidista, clasista o gubernamental. Estos medios se conforman con informar y divulgar sus plataformas.

Con todo hay muchos intentos sinceros de comunicar. Hay muchas entidades que dicen que quieren "concientizar" a través de los medios masivos de comunicación. Lo lamentable es que estas entidades falseen su contenido en el momento que siguen las reglas y pautas de jugo de los medios masivos de información.

Hay estudios de producción de Radio y de TV ubicados en centros urbanos tan lejos de donde se encuentran los cuerpos de los hombres destinatarios de sus mensajes. ¿Qué se puede producir en estos centros de valor para el poblador de los barrios marginales de la ciudad, o de los rancheríos del campo?

Las obras educativas que pretenden concientizar al hombre tienen que tomar en cuenta al hombre en relación con su mundo. El mundo del campesino o del poblador no está acabado. No se paraliza para permitir que las enseñanzas producidas por unos sociólogos se adecuen al momento vivido. El hombre continuamente hace su mundo. La educación tiene que ser un proceso al cual se puede integrar el hombre sin que él abandone sus relaciones habituales con el mundo y sin que las enseñanzas pasen de alto a esas relaciones. Aun cuando sólo se quisiera informar, habría que respetar estas realidades. Más aún si se quiere concientizar o liberar al hombre. Sería absurdo intentar una educación liberadora que no busque respetar la ubicación activa del hombre en su mundo. No sólo absurdo sino criminal porque sería robarle al hombre su esencia, aquello en que se diferencia del animal, su actividad creadora.

## LA COMUNICACIÓN CONCIENTIZADORA

Se habla mucho de la concientización. Sin embargo, se quiere aplicarla a larga distancia. Esto descubre errores básicos en cuanto a la concientización. La concientización no se enseña; se logra. Se alcanza en el terreno. Es el momento culminante de un proceso. Sólo el que vive la realidad puede iniciar el proceso Se aprecia un hecho; ese hecho se critica dentro de un sistema de relaciones concretas. La concientización verdadera nunca es neutra. Siempre señala opciones en lo concreto. De ahí se pregunta cómo sería posible concientizar auténticamente a través de los medios masivos de comunicación, cuando estos están bajo el control de intereses creados.

Entonces, los programas "concientizadores" que se mantienen distantes de la realidad, protestando su neutralidad, ni concientizan ni son neutros. No concientizan porque por definición la concientizacion es una toma de opciones.

No son neutros porque al pretender proyectar su neutralidad por intermedio de los medios de difusión, proyecta su visión de la realidad y sus opciones al público.

Es corolario de esta actitud de falsa neutralidad el lanzar comunicados sin comunicar nada. Un ejemplo claro es la postura de la iglesia oficial que se las da de revolucionaria, liberadora, etc., en un nivel completamente teórica, pero en la práctica de las relaciones diarias sigue imponiendo actitudes anti-dialógicas, hasta sancionando a los fieles que actúan consecuentemente con su teoría.

La educación no es transmisión de datos. Es imposible que haya educación donde una emisora da importancia desmedida a la meta de lograr mayor alcance, más oyentes; mientras más oyentes menor proporción de participación en la producción; mientras menos participación en la producción menos posibilidad de concientización.

El argumento favorito de los que quieren centralizar la producción de programas "concientizadores", es que se logra mayor cobertura y alcance con el mismo esfuerzo de producir un programa. Sin embargo, la verdadera educación no se puede dar a larga distancia. Es necesario que el educador y el educando se encuentren en contacto el uno con el otro a través de su relación mutua con la misma realidad. Se piensa en la soldadura que entra a la composición molecular de las dos planchas de fierro que une. En breve, así se explica el verdadero diálogo: la participación en una realidad mutua dada en el mundo. Esta mutua participación no se da a través de los medios masivos de información, donde unos intelectuales y técnicos producen datos para el público.

En teoría, la necesidad del diálogo se ha aceptado en las relaciones humanas y pedagogía moderna. Hoy en día se ha desprestigiado el profesor disertador, pedante; se exige más grupos de discusión, "talleres", participación. Pero ni este incipiente cambio de mentalidad ha calado a la práctica de la radiodifusión. El mero hecho de que se sigue pensando en plasmar datos y enseñanzas en un medio tan permanente como es el disco, es elocuente.

# EL ASISTENCIALISMO

Hay mucha relación entre la pedagogía disertadora, productora (llámese vertical o bancaria) y el asistencialismo en el campo social. Otra vez se tropieza con la valla entre la teoría y la práctica. En teoría, se ha rechazado el asistencialismo puro. Ahora casi no se regala nada a los pobres. Se insiste que aporten algo para su asistencia médica, se fomentan proyectos de auto ayuda y de desarrollo de comunidades.

De igual manera, como indicamos líneas arriba, teóricamente se ha rechazado la educación verbalista e impositiva; ahora se habla de la concientización y de liberación. Pero en la práctica las realidades no se han cambiado gran cosa. En el área del desarrollo del área comunal "desarrollo comunal", ahora se imponen otros nuevos valores de la ideología dominante. Los mecanismos se cambian, pero se mantiene la dominación. Si antes se dominaba a las masas con pan y circo, ahora se las domina sugestionándoles la importancia del ahorro personal, del auto- ayuda, de la superación personal.

Se han descubierto otras formas de sajar superficialmente el absceso social para que no reviente. No se busca la verdadera toma de conciencia de los oprimidos para que ellos sean agentes de su liberación. Se les sugiere otras soluciones incompletas que distraen la atención de las causas básicas de la injusticia. Tal enjuiciamiento severo merece los programas de "concientización" a través de los medios masivos de comunicación social. Consciente o inconscientemente (en un caso la táctica de la oligarquía, el imperialismo por los gobiernos de turno; en otros casos, el concurso de los tontos útiles como la iglesia, o los profesionales burgueses paternalistas) se escogen

28

precisamente los medios más inadecuados para el verdadero diálogo y participación.

## EL DIALOGO LIBERADOR

Como se ha dicho en otras partes de este estudio: los medios masivos están en manos de elementos opresores, los medios mismos por su tecnología complicada limitan la participación en la producción a un número reducido de expertos; la pedagogía implícita en la utilización de los medios masivos imposibilita el aterrizaje en la realidad vivencial del público oyente y espectador.

No importa que se lancen avisos de los programas "concientizadores" por transmitirse. Ineludiblemente se tratan de programas más tranquilizadores que concientizadores. Donde no hay diálogo no hay concientización. El diálogo demanda una común inserción en la misma realidad. Esto no se da a través de la macrotecnología, peor a larga distancia. Donde no hay concientización del individuo no hay cambio social de la colectividad, por más que se hable de programas y reformas nacionales.

Los medios masivos de información si pueden prestar valiosos servicios al cambio social si proporcionan datos, comentarios, análisis que sirven para la reflexión del pueblo, pero el diálogo sólo se inicia donde los dialogantes se encuentran presentes en la misma realidad.

Más adelante sugerimos unos modelos prácticos que puede facilitar el diálogo. Esta reflexión arrancó del punto de partida del papel de los modernos medios de comunicación frente a la necesidad imperante de la participación popular. Por lo tanto, se ha intentado deslindar posibilidades pedagógicas y tecnológicas. Si ha quedado claro que planteles de producción centralizados no favorecen al diálogo. Ahora será necesario proceder a analizar a cuales son las perspectivas que ofrece la nueva tecnología para la nueva liberación del hombre.

Es necesario insistir que el tono negativo que ha caracterizado este estudio no nace del oscurantismo o romanticismo anti tecnológico. Confiamos que la nueva tecnología simplificada y portátil facilite la tarea de la participación popular en la sociedad. Sugerimos algunos modelos prácticos para la comunicación dialogal. Nos damos cuenta que una sociedad sana necesita el dialogo a todos los niveles y entre todos los niveles.

Hasta ahora las estructuras actuales de los medios de comunicación social no nos permiten vislumbrar como podrán servir para el dialogo a escala grande. Una suposición nuestra es que se resolverán los problemas de comunicación participada a nivel sociedad cuando se haya logrado el dominio de la tecnología al servicio del diálogo a nivel local. Mucha prisa en querer llegar al nivel nacional una vez más nos expone al peligro de la imposición anti dialógica.

## EL IMPACTO INTRINSECO DE LOS MEDIOS DE COMUNICACIÓN

En nuestros días hay mucho entusiasmo por los medios de comunicación social. Se ha multiplicado las cátedras de comunicación social en las universidades de muchos países. Inclusive la iglesia ha dedicado varios escritos al tema y ha fundado oficinas de medios de comunicación en todas las diócesis del mundo.

Es evidente que el impacto de los medios de comunicación es enorme. Los adelantos técnicos han puesto receptores de radio al alcance de casi todos. La televisión se ha impuesto como parte integrante de las nuevas culturas urbanas, pero el reconocimiento de los medios de comunicación social ha llegado en algunos casos a la exageración.

Hay corrientes de pensamiento que atribuyen todos los cambios sociales al progresivo crecimiento de los medios de comunicación. No falta quienes dicen que no importa el contenido de los medios masivos, pues la mera transmisión de cualquier contenido surte el efecto positivo de la unificación de la humanidad. Algunos dicen que la mera transmisión de los cuadros de prueba de señal causa el mismo efecto en el televidente que un programa de alto contenido social. Los fieles del "pontífice de la era electrónica", Marshall Mc Luhan nos dicen que "el hombre nuevo" nace en nuestros días por obra y gracia de los medios de comunicación social. Este hombre nuevo es más inquieto, más solidario, más generoso, en fin el colmo de virtudes humanísticas.

Sin embargo, se puede preguntar si este hombre nuevo (si existe) es resultado del efecto de los medios de comunicación social o de otras corrientes filosóficas del mundo moderno. Hasta la fecha no hay argumentos convincentes que puedan probar que el "hombre nuevo" es fruto de los *mass-media*. Del mismo modo es difícil insistir que el sentido de solidaridad y de participación que brota en diversos ambientes sociales sea consecuencia de la era electrónica.

El hecho de señalar estos límites al entusiasmo desenfrenado por la acción intrínseca de los medios masivos de comunicación social no significa oposición terca al reconocer su impacto. Al contrario, subrayar los condicionamientos económicos de los medios masivos de comunicación en su estado actual parte de una convicción profunda de su importancia. Lo que se quiere es una actitud crítica frente a los medios de comunicación social.

## LA REALIDAD ECONOMICA

Si se pretende aprovechar el impacto de los medios electrónicos de comunicación social, hay que encarar el hecho que en América Latina más del 90% de las emisoras de radio y TV son comerciales. Este hecho trae consigo un control sobre los contenidos "concientizadores" que se quisieran producir.

*Nota 2012: Últimamente ha cobrado más fuerza la radio comunitaria. La Asociación Mundial de Radios Comunitarias (AMARC) está reconocida como organismo no gubernamental internacional (ONGI), de carácter laico y sin fines de lucro.*

La radiodifusión se ha considerado como buena inversión en América Latina. Las emisoras pequeñas son fuente de ingreso para sus dueños que están a la merced de sus anunciados, los comerciantes locales. Y las emisoras grandes forman parte de complejos bancario-industrial-oligárquicos. Es ingenuo creer que puedan prosperar los contenidos que vayan en contra de los intereses de los que detentan el poder de los medios de comunicación. El mecanismo de control puede ser abierto o encubierto pero no deja de operar. Si se produce un contenido liberador (que de hecho tiene que tocar los temas candentes de opresión económica) ese programa no se trasmite. Para que se acepte un programa es necesario que se adecue al margen aprobado de la crítica social. Un ejemplo claro es la suerte del programa radial "Padre Vicente". Por su contenido ligeramente "revolucionario" encontró dificultad en entrar a las emisoras más potentes del continente.

*Nota: El Padre Vicente– Diario de un cura de barrio (1969-1973), ganó el premio mundial UNDA-Sevilla. Los ochenta programas unitarios fueron emitidos no sólo en América Latina, sino también en Filipinas y Estados Unidos, y fueron traducidos al portugués, al quechua y al aymara.*

Sólo los programas que tratan "las cosas simples de la vida" encuentran acogida masiva. Es interesante notar que un programa de sabor argentino como es *Nino* ha podido entrar con éxito en todos los países latinoamericanos. Esto demuestra que el aparato de distribución acepta lo suyo. *Nino* se ha vendido como un producto de consumo supra-nacional.

Si se pretende seguir el ejemplo de *Nino*, seguramente sería posible, pero sólo a costa del mensaje. Es necesario aclarar las metas que se buscan. Se logran las ventajas de la concientización sólo con una comunicación que permita la participación del pueblo. Es evidente que hay otras formas de difundir datos, pero si se busca la interiorización de una mentalidad o de una mística, será necesario involucrar al público en un proceso dialógico de comunicación. Las razones por esta declaración podrían ser tres: razones pedagógicas, razones tecnológicas y razones ético-humanistas.

## RESUMEN

En este estudio breve no nos abocaremos a un argumento completo, más bien consideramos que el valor principal de nuestra contribución reside en los ejemplos prácticos de modelos y experiencias de comunicación dialógica. La persona que ya tenga una visión del mundo que incluye una convicción de la importancia de la participación propia, sabrá comprender y aplicar estos modelos.

No obstante, de modo de resumen, volveremos a señalar las grandes áreas donde se encuentran las razones de ser de la comunicación dialógica.

**Primero** – lo que ya señalamos, *la excesiva servilismo comercial de la radiodifusión y TV actuales*. Este argumento no es de fondo, porque aunque desapareciera la influencia imperialista y capitalista, seguirían en pie las deficiencias esenciales de la comunicación vertical. Pero merece la pena mencionar lo obvio, mientras existe el status quo: que intereses creados controlan los medios de comunicación social. Este hecho debe templar el entusiasmo por difundir contenidos revolucionarios a través de estos medios.

Ya se han expuesto arriba las razones pedagógicas que demuestran que sólo la educación dialógica puede ser liberadora y humanizadora. Si aceptamos la tesis del diálogo en la educación debemos usar la misma medida en nuestras actividades de comunicación masiva.

**Luego** – En cuanto a las limitaciones al diálogo que impone la tecnología, es suficiente pensar en el batallón de técnicos, realizadores, productores, guionistas, comentaristas, etc., que modifican los mensajes que pasan por sus manos. Este fenómeno se ha llamado la "compulsión del medio". Los mismos aparatos complejos y los hábitos aprendidos de su uso impiden que el pueblo exprese su palabra a través de los medios masivos.

**Finalmente** – Para muchos el argumento más fuerte en contra de los medios de comunicación vertical es el argumento ético-humanista. La base del argumento ético es que el respeto debido a la persona humana exige que a esa persona no se le niegue la posibilidad de ser agente de su propio destino.

Es evidente que todos estos argumentos, sean éticos, pedagógicos o técnicos, necesitan más fundamentación. Aquí sólo se pretende sugerir las áreas de reflexión para una posterior investigación más profunda de los medios de comunicación en sus aspectos verticales y horizontales.

# LA COMUNICACIÓN VERTICAL

A estas alturas parece que han de seguir existiendo los
medios masivos de "información". (La frase es de Antonio
Pacuali que sugiere que los medios tradicionales verticales
no se llamen medios de comunicación sino de
información). Siempre existirán instituciones interesadas en
enseñar, en informar, en divulgar su visión del mundo.
Sean gobiernos, escuelas, iglesias o instituciones
voluntarias, estos grupos buscarán la forma de difundir
datos. Para esta tarea no hay medio más eficaz que los
medios masivos. Gozan de las ventajas de los aparatos
técnicos, grabadoras, telecines, transmisores, etc.

Todo está a su alcance para preparar programas. Como
resultado de las facilidades técnicas, entra con fuerza la
influencia del comunicador y del medio. Mientras existe
más tecnológica, más se impone la tecnología y las
atribuciones profesionales resultantes de los organigramas
de trabajo que reflejan la división de labores. Todo este
proceso imprime su marca a la comunicación vertical, es
esto la "compulsión del medio".

Lo raro es que las instituciones que se declaran a favor de
la educación liberadora y de la concientización,
voluntariamente se metan al baile de las comunicaciones
verticales. Inevitablemente se dejan absorber por la
mentalidad de producción de informaciones y renuncian a
toda probabilidad de lograr su cometido, la concientización.

Por lo tanto, es necesario escoger dónde dedicar los
esfuerzos. Las alternativas son claras y mutuamente
excluyentes. No se puede permitir que las instituciones
sigan haciendo alarde de pretensiones liberadoras, mientras
emplean instrumentos y medios propagandísticos. Puede
ser que en un momento dado, se considere necesaria la

propaganda, pero no nos confundimos hablando de diálogo liberador donde no existe.

La pregunta es ¿habrá instituciones tan consecuentes con su retórica dialógica de moda, como para limitar su trabajo a todo lo que maximice la expresión de la palabra del oprimido por él mismo? ¿O seguirán los proyectos paternalistas dedicados a interpretar la realidad de y para el oprimido?

## PARTICIPACION Y COMUNICACION

Hoy en día se habla mucho de participación. En particular, son los gobernantes quienes prometen más participación en la gestión del estado El concepto de participación deriva de las ideas fundamentales de la democracia, pero las condiciones de la vida moderna han puesto de manifiesto que las más veces hay muy poca participación de las bases en la mayoría de las actividades humanas.

Parece que la palabra y el concepto han cobrado nuevo vigor precisamente porque el hombre de hoy se da cuenta de su marginación de una serie de decisiones vitales a su bienestar.

Sin embargo, el renovado interés en la participación no ha impedido que muchas veces se quede todo en slogans. Es evidente que no hay gobierno que no proyecte más participación de sus ciudadanos en sus programas, pero son contados los gobiernos que lo realizan.

Las causas para el trecho entre el dicho y el hecho son muchas y lo más interesante es notar cuáles son las causas sugeridas por los de arriba y cuáles por los de abajo. El diagnóstico de causas oscila entre acusaciones de apatía de las bases y de autoritarismo de los dirigentes. Inclusive hay dirigentes que dicen que en muchas tareas urgentes hay que posponer la participación popular por la premura del tiempo.

Surge la pregunta ¿Qué debe primar, la realización de tal o cual meta, o la profundización del proceso destinado a lograr la meta? Es cuestión de prioridades.

En cualquier empresa, sea gobierno, familia o cooperativa, hay personas que dan más importancia a la ejecución de un trabajo y hay otras que ponen su énfasis en el proceso humano vivido mientras se busca la meta.

La mentalidad que se impacienta con la ineptitud o apatía (real o imaginada) del pueblo es una mentalidad de clara orientación hacia metas. Antes de arriesgar demoras o modificaciones, la persona de la mentalidad-metas prefiere renunciar a la participación de los demás.


## PRIORIDAD DEL PROCESO

Sugerimos que la mentalidad que da prioridad al proceso es la más adecuada para lograr participación en proyectos comunes. Más adelante, al sugerir un modelo de comunicaciones participadas, trataremos las objeciones, entre ellas las de la premuera del tiempo, que se presentan.

Por el momento después de encarar el problema de participación en términos de meta-proceso, quisiéramos dejar claramente expresada nuestra convicción de la prioridad del proceso por dos razones.

Primero, para contrarrestar la tendencia eterna de los que detentan el poder hacia el paternalismo cuando no el autoritarismo. Donde hay más atención al proceso participado de la toma de decisión y ejecución mancomunadas, se establecen frenos al abuso (más adelante tocaremos el punto del aporte positivo que pueden brindar los de abajo).

Segundo, para combatir otra tendencia, la de los de abajo, "el miedo a la libertad". Sin una progresiva introducción a la responsabilidad, el deseo tan pregonado de mayor participación se condena a ser retórica hueca, por ser más inclinado el hombre al camino de menos esfuerzos.

Para que el pueblo participe es necesario que tome conciencia de su dignidad. Para tomar conciencia de su dignidad el pueblo tiene que expresarse. Tiene que decir su palabra. Cada hombre vive empapado de la realidad en que remueve.

## LA EXPERIENCIA DEL PUEBLO

Muchas veces tanto la rutina o la dureza de la vida, como también la educación, la propaganda, el acondicionamiento y otros factores le hacen imposible reflexionar sobre esa vida. Nadie vive bombardeado de experiencias sin que esas experiencias le afecten. Y las experiencias que vive el hombre del pueblo son experiencias económicas, sociales, religiosas y políticas. Cualquier programa que pretende tocar la vida del pueblo, en mayor o menor grado, sea programa gubernamental o voluntario, maneja la materia prima de las experiencias vividas del pueblo. No se trata de cifras, de estadísticas, sino de la vida. Para no falsearse estos programas se necesita la participación del pueblo en su investigación, planificación y ejecución.

¿Quién escucha al pueblo? ¿Se lo escucha cuando se realizan sondeos y encuentros? Es sabido que por más honestos y capaces que sean los encuestadores, su condición socio-cultural entra en cada etapa de su trabajo, acondicionando los resultados.[1] *[1 La encuesta participación trata de obviar esta dificultad, - precisamente maximizando la participación de los encuestados en el descubrimiento y diagnóstico de los propios problemas y reduciendo al mínimo la acción de los técnicos. En este modelo de investigación no es el sociólogo quien realiza la investigación, sino el propio poblador que vive en la realidad sobre la que se investiga.]*

¿Se escucha al pueblo a través de sus "voceros responsables" o "dirigentes"? ¿Quién califica de "responsable" a estos señores que hablan por el pueblo?

Sigamos con el hilo unificador de esta reflexión... ¿cómo lograr la participación del pueblo en todas las decisiones que le afectan? Hemos dicho que para que el pueblo participe tiene que vencer su miedo a la libertad. Tiene que decir su palabra. Hemos llegado al momento de sugerir que el problema de la participación es un problema de comunicación.

Saltamos muchos eslabones del argumento al decir esto. Es evidente que hay muchas maneras de lograr su concientización. A veces se consigue de golpe al experimentar en carne propia las contradicciones de una situación. A veces se alcanza a través de grupos de reflexión.

Pero la concientización siempre implica un juicio crítico logrado en una situación dialéctica y dialógica.

# LA COMUNICACIÓN SOCIAL

Lo que nos interesa en este momento es el papel de la comunicación y de los medios de comunicación en el proceso de la comunicación. Es evidente que la comunicación abarca mucho más que los llamados medios de comunicación. Enfatizamos el marco de referencia de los medios de comunicación en este estudio de la participación popular por varias razones.

Porque, por nuestra trayectoria profesional, hemos trabajado con los medios de realización de radio y TV y cine. Si ha de haber forma de ponerlos medios al servicio del pueblo, tendrá que ser con el concurso de las personas dispuestas a romper con el hermetismo profesional, compartiendo el conocimiento de los instrumentos de información tan importantes para nuestra era como lo eran la pluma y el libro en anteriores épocas.

Otro motivo que nos impulsa a estudiar la relación entre la participación y los medios de comunicación es la convicción que actualmente existen muchos abusos en la industria de comunicaciones. Si más adelante sugerimos alternativas horizontales de comunicación dialógica a través de los medios modernos, es por haber visto que la industria comercial (y en gran parte las actividades estatales verticales que se han inspirado en los moldes comerciales de producción) está casi irremediablemente distorsionadas.

Considerando que las relaciones que se ejercen entre los distintos medios de comunicación y centros de poder bancario, comercial y agro-industrial en Latinoamérica, salta a la vista que los intereses creados en la divulgación de un punto de vista decidida no permitirán que el pueblo se exprese libremente a través de estos medios.

Aun en las situaciones contadas donde la dominación de la oligarquía ha sido limitada (algunos periódicos y emisoras cooperatizados; algunos países que han entrado con mayoría de voz en la gestión de estaciones de TV, etc.) siguen operando muchos de los mismos mecanismos.

Esto sucede primero, por la mentalidad de muchos periodistas y artistas que continúan enfocando su información a conclusiones anti-populares. Además, es el resultado del ambiente creado por la publicidad comercial que no cesa de presentar como ideales los valores burgueses de la sociedad de consumo. El bombardeo de estímulos alienantes de comedias, humor, situaciones, valores y productos burgueses tornan ridículas las medidas de arrebatar a los antiguos señores de la industria cultural una parte de su lucro.

La relación gobierno/libertad es compleja. El afán de consumo de los productos de sus empresas que se inculca al público más que recompensa a los magnates de la información comercial esa parte de utilidad de la renta de publicidad que han perdido por las nuevas leyes más rígidas de algún país. Por lo tanto, no abandonan el campo de los medios masivos de comunicación y siguen imprimiendo la estampa burguesa a toda la producción que pasa por sus manos.

Finalmente, nos interesamos en el estudio de la participación en el proceso de comunicaciones por los peligros inherentes en un uso equivocado de los medios masivos de parte del propio gobierno y de las instituciones privadas.

# COMUNICACIÓN VERTICAL

Insistimos que el peligro que representan los medios de comunicación para una liberación y concientización del pueblo no son sólo las ideologías anti-nacionales, los valores alienantes y el control del gran comercio, sino además de la masificación del público, la propaganda anti-dialógica y vertical que siempre es tentación de los que con buenas intenciones usan los medios de comunicación para llegar al pueblo. Esto es el meollo del problema. Aquí se recogen todos los hilos de lo de arriba. ¿Cuál orientación ha de primar? ¿La de metas o la de proceso?

Nos asusta la posibilidad de una programación centralizada, escrito por ideólogos, producida por profesionales y transmitida por técnicos que tenga la finalidad de fomentar la participación y la concientización. No se puede inculcar el espíritu crítico en la audiencia en la misma manera que se vende jabón. La participación es una vivencia. Sólo se puede aprender a participar participando. Se puede informar sobre la participación, pero no se pude enseñar la participación.

Otra vez se nos presenta la disyuntiva meta-proceso, pero ahora con otro matiz.

Si una institución normativa quiere llevar su mensaje al público, es evidente que tendrá que utilizar los medios de comunicación como canales de información. Aún en este caso, hay quienes insisten que nadie educa a nadie, que una educación unilateral es contraproducente a la larga. Pero para fines del argumento, aceptaremos la utilización de los medios de comunicación para la divulgación de información.

Pero en los casos de organización, desarrollo de comunidades, concientización, o participación popular, parece ser contradictorio en sí el uso unidireccional o vertical de los medios de difusión.

La finalidad de este estudio es de sugerir que los encargados de educación o de difusión de las entidades que sirvan al pueblo distingan entre los posibles usos de comunicación. Si hay el deseo de desencadenar un proceso de participación auténtica, parece evidente que es necesario proceder en una forma dialógica y horizontal para permitir la participación con todos sus riesgos. Pero dentro de toda entidad de finalidades globales, sea gobierno o cooperativa, hay la forma de coordinar en algún nivel las actividades independientes de información por una parte y de capacitación por otra.

O llámese la disyuntiva difusión-promoción. Hemos visto muchos casos y experimentado otros más que indican que el departamento que quisiera abarcar ambas actividades termina con supeditar la participación a la urgencia de difundir datos, informaciones o la visión de la entidad matriz.

Ubicándonos en términos de las alternativas arriba esbozadas optamos por la prioridad de la comunicación horizontal. Lo más natural, lo que sucede sin .esfuerzo es la comunicación vertical. La misma terminología que manejamos nos acondiciona a pensar en términos de "fuentes" y de "receptores". Lo que va contra la corriente, lo que es reto humanista y revolucionario es la búsqueda de nuevos modelos de comunicación horizontal.

Al aclarar nuestra postura de apoyo a todos los esfuerzos de comunicación participada, no es sólo por rechazar la ideología de consumo propagado por los canales comerciales. Ni los canales públicos se escapan de la influencia de las grandes fuentes de financiación. Al mismo tiempo que la fundación Ford está trabajando en Colombia, Brasil y Argentina con la TV educativa, se están saliendo informes de la parcialización de la TV educativa norteamericana hacia intereses comerciales. El dato interesante es que la TV educativa en Estados Unidos recibe la mayor parte de su financiación de la fundación Ford. Las consecuencias para América Latina son obvias.

Pues, la razón fundamental por la cual consideramos urgente la implantación de la comunicación horizontal no es peligro de los medios comerciales, puesto que no hay como evadir la influencia del capitalismo, sino el deseo de evitar los actuales moldes masificantes del medio mismo. En otras palabras, el "estado del arte", su práctica actual, imposibilita la concientización a través de los medios verticales de comunicación.

Por definición, el realizador de un programa de radio o TV es el encargado de producir un conjunto de imágenes y argumentos. Es él que compagina los elementos sensoriales y racionales. Los oyentes, llamados "receptores" en la teoría vigente de la comunicación, sólo reciben lo pre-fabricado.

Aunque el programa sea un documental sobre las aspiraciones culturales del campesino aymara, el productor que concibe la idea y el realizador que le da su forma, más que seguro no serán campesinos aymaras. El medio mismo impone esta dicotomía entre el mensaje y el que prepara y anuncia el mensaje. La economía prohíbe que un empírico (el campesino por ejemplo) filme metros de película de 16mm. *(ver abajo la nota al párrafo ALTERNATIVAS)*

45

El tiempo del estudio para la mezcla de film, sonido, entrevista, edición está cotizada en minutos-hombre. La expectativa del público oyente y espectador es tal que los programas tienen que ser "amenos". La técnica impone limitaciones a la libertad y encauza la expresión humana.

No añoramos la era cavernaria. La tecnología está con nosotros. Pero la tecnología de los medios de comunicación tal como se lleva actualmente esclaviza. El profesionalismo, los celos gremiales, la defensa de la fuente de trabajo de los técnicos: todo conspira a mistificar la práctica de la comunicación de tal manera que sea imposible lograr la participación valiéndonos de la radio-difusión como practicada actualmente.

## ALTERNATIVAS

*(Nota en 2012: Se ha quitado de esta sección mucho del contenido demasiado trasnochado. Parece increíble que el escrito original daba instrucción en la mejor manera de editar la cinta magnetofónica con navaja y cinta adhesiva. Claro, como se explica líneas arriba, había el interés en mantener la tecnología "artesanal" al alcance del pueblo. Es verdad que hoy en día la tecnología se ha abaratado mucho. Sin embargo, sigue necesario que el comunicador encuentre formas participadas de aprovecharla. Se invita al lector pensar en las ventajas del presente con el poder de los teléfonos "inteligentes" y de otros recursos electrónicos.*

Lo que buscamos es la manera de poner la tecnología al servicio del pueblo. Esto se hace posible hoy en día con la nueva tecnología. Operaciones técnicas que antes eran complicadas y limitadas a los técnicos ahora están al alcance de todos. Pensemos en el automóvil, que hace pocos años era todo un oficio ser chofer. Ahora tener el brevet de chofer en muchas sociedades es casi tan normal como tener el carnet de identidad.

Para las masas pobres, los medios de auto expresión no dejan de ser caros. No decimos que todo está al alcance del individuo del pueblo, pero tampoco está el auto al alcance de todos de nuestros países. Sin embargo, la conducción del auto se ha desmitificado. Además, estamos considerando el uso de los medios de comunicación para la participación. Un factor presente es la existencia de las instituciones que se declaran interesadas en la participación del pueblo. Estas mismas instituciones que manejan la alternativa de trabajar con los medios masivos y masificantes o con los nuevos medios horizontales pueden demostrar la consecuencia de sus principios con su práctica, aplicando parte de su presupuesto de operaciones a conseguir los equipos necesarios para que el pueblo se exprese a través de los medios de comunicación.

Cuando el marginado aprende a usar una videograbadora, cuando tiene a su cargo una emisión radial, cuando documenta su realidad con sus propias grabaciones e imágenes, suceden cosas interesantes. El mero uso de los aparatos lo lleva a una reflexión crítica a dos niveles.

- Él aprende que un programa de radio o de TV se produce a través de un proceso de selección y de compaginación.
- Él se da cuenta que son hombres como el que lo producen. El mismo lo ha hecho.

Nunca más será el oyente crédulo de los comunicados del gobierno o del sindicato o de los partidos políticos.

Además, comienza a valorizar lo propio. La persona que ha enfocado una cámara ve con nuevos ojos. Dándose cuenta de la importancia de su mundo y de su visión del mundo, se expresa.

## EJEMPLOS

Las experiencias hechas con videotape en manos del pueblo arrojan interesantes resultados. *(Nota en 2012: Se ha dejado mucho del contenido original de esta sección porque muchas de las experiencias se podrán duplicar hoy con un teléfono, un "app" (programa o aplicación) de edición, y la publicación en YouTube.*

Se logra un proceso de percepción crítica de la realidad, una concomitante evaluación de lo ajeno y valorización de lo propio que produce una síntesis creativa personal. Así todo lo buscado por la educación liberadora, la concientización y la revolución cultural encuentra su arma de realización cuando se le ponen los medios de comunicación al alcance del pueblo oprimido. Si de veras se busca la participación es necesario reconocer que el pueblo participará activamente solo cuando se respeta su aporte, cuando se le da su palabra. La imposición de slogans y programas tendrá algún valor en presentar elementos de reflexión, pero la reflexión misma se interioriza sólo por sujetos activos, nunca por receptores pasivos. El problema es la metodología ¿Cómo se consigue que el receptor sea activo?

Podría ser interesante dar algunos ejemplos de producción participada. Entre muchos posibles ofrecemos ejemplos de uso de historietas, de radio y de videotape.

Una forma de fomentar la participación activa de una región en cualquier proceso de desarrollo sería por medio de centros satélites de iniciación de diálogos relacionados con una central de coordinación.

Cada grupo satélite (sindicato, junta vecinal, comunidad indígena, etc.) tendría una cámara, grabadora, papel y marcadores o pintura, o cualquier forma de expresar su palabra sobre sus inquietudes. *[ver Cerebro Comunitario en otra parte de este libro]*. Los cassettes (u otro resultado de la consulta grupal) pasarían de grupo en grupo para estrechar vínculos de solidaridad entre los grupos a la vez que se fomenta la de la visión del otro grupo.

Toda la mentalidad de lograr metas, por ejemplo, la publicación de una historieta sobre la reforma agraria, tendría que cambiar. Se trata de llevar un proceso, no de lograr una meta. El equipo "productor" tiene que asistir a sesiones dialógicas donde se usan las herramientas necesarias para ir adaptando el material a la realidad lingüística y cultural del pueblo. Periódicamente, representantes de los distintos grupos se reunirían en el centro para sintetizar, compaginar y comentar las visiones de cada filial.

Si se pretende preparar un mensaje utilizando el código popular de "comics" o historietas, sería posible incorporar al grupo destinatario a cada nivel de producción. Esto requiere que los ideólogos se sienten con representantes del pueblo para escoger los temas centrales. Los artistas tienen que preparar los bocetos junto con el pueblo. Es necesario reconocer que no hay trabajo acabado una vez por todas si se habla de participación.
Hay infinidad de variaciones posibles de la experiencia. No es necesario limitar los aportes de los grupos a comentario social. Puede originar expresiones artísticas para compartirlas mutuamente. Además, de vez en cuando una declaración nacida en la "cadena" informal de

comunicaciones horizontales podría ser aprovechada por los medios masivos aunque no es su finalidad principal.

El proyecto de consulta y expresión descentralizadas puede montarse con mínimo de entrenamiento de personal o de labor de convencimiento de los participantes. No se les vende un proyecto más, más bien se les facilitan los medios para comunicarse mejor. Se aprovecha los vínculos humanos existentes. No se arman jefaturas ni burocracias.

El modelo de grupos de originación de materiales vinculados con un centro cooperativo de coordinación no está limitado al uso de grabadoras de sonido. Se adapta hasta mejor al uso de la imagen. Los mismos principios rigen pero los costos de equipos y materiales son mayores.

Otra estrategia es la de usar video en la resolución de contradicciones de acción o de ideología. Se ha perfeccionado la "mediación" por medio del videotape. En casos de tensión entre grupos, se graban entrevistas con un grupo en las cuales estos expresan su punto de vista, sus quejas, etc. Se reproduce la grabación para el otro bando, a su vez grabando sus reacciones, etc. Se nota que muchas veces opera la dinámica de una comprensión del punto de vista ajeno que no se logra en el calor de careos y confrontaciones personales. Además, entra en juego la autocrítica al verse implacablemente registrado en la grabación.

Estos ejemplos someramente esbozados de comunicación horizontal, sirven para organizaciones y niveles inferiores y a la vez pueden adaptarse a programas nacionales. Por ejemplo, el "cerebro" que recoge los estímulos de los "ganglios", es decir, el centro cooperativo de coordinación que ordena y sintetiza los trabajos de los grupos satélites podría ser un instituto nacional que proporcionaría materiales y asesoría para los contenidos informativos, políticos o artísticos provenientes de otros centros regionales y zonales. Parecería que algo así debe existir en cualquier plan de difusión nacional. El instituto nacional no concebiría su labor como la de originar contenidos sino de coordinar las aportaciones populares.

De cualquier forma, sea en nivel superior o inferior, sea con teatro, títeres, radio o TV, la visión reguladora que debe inspirar todo intento de fomentar la participación popular a través de los medios de comunicación requiere esa participación a todos los niveles del proceso.

## OBJECIONES

Suelen haber objeciones a todo planteo del concepto de comunicaciones horizontales. Las más comunes son:

1.    que el pueblo es ignorante y no tiene nada que aportar y que más bien hay que enseñarle.

2.    que el pueblo, aunque tuviera algo que decir, no puede manejar la tecnología de los medios de comunicación.

3.    que aunque se reconozca el valor de la expresión del pueblo y de su capacidad, de manejar la tecnología simplificada, no se puede arriesgar la infiltración de elementos negativos, (por ejemplo, agitadores políticos que acapararían el uso de la palabra del pueblo para sus fines creados).

4.    aunque se reconozca el valor de la expresión del pueblo, y de su capacidad de manejar la tecnología simplificada; y aunque se acepten los riesgos democráticos de la libre expresión, no se puede permitir el lujo de un proceso participado de comunicación en vista de la premura de tiempo para lograr la educación o el desarrollo, etc.

Todas estas objeciones demuestran falta de confianza en el pueblo y la mentalidad arraigada de orientación hace metas antes del proceso.

Todas las cuatro objeciones son inconsecuentes con la intención declarada de fomentar la participación. Las primeras dos descubren vestigios de una cultura clasista que nunca podrá fomentar verdadero ascenso de masas. Las dos segundas objeciones descubren una mistificación de la tecnología y latente desarrollismo que nunca podrá aprovechar los ricos recursos humanos de los pueblos en proceso de despegue:

En cuanto a la ignorancia del pueblo, sólo podemos reiterar que no hay desarrollo sino a partir del propio "rollo" de un pueblo, de su acervo cultural único. Toda la pedagogía de liberación, todos los estudios antropológicos y etnológicos nos indican que el pueblo conoce su vida y que la vida de una nación es la vida de su pueblo. No se puede haber revolución cultural que no emane de los valores idiosincrásicos de un grupo humano.

1. Decir que el pueblo no puede dominar la tecnología de los medios de comunicación olvida que aunque todo desarrollo es modernización, no toda modernización es desarrollo. Nuestro argumento corta de raíz la segunda objeción porque renunciamos a la macro-tecnología para la comunicación participada.

2. Es verdad que la tecnología de los medios masivos verticales imposibilita el acceso del pueblo al proceso de comunicación. Por eso, sugerimos la tecnología más ágil, más accesible de la comunicación horizontal.

3. La tercera objeción es la que aflige a muchas personas dedicadas a labores urgentes de reestructuración de la sociedad. Se preguntan si la premura de tiempo y la urgencia del cometido permiten una participación dialógica del pueblo en tareas urgentes, como por ejemplo, la reforma agraria.

La única posible respuesta a esta observación es de recordar que el pueblo tiene su historia. Las actitudes, los hábitos operativos de un pueblo son resultados de procesos históricos y no se cambian de un momento a otro. El momento de decisión de los responsables superiores de tomar medidas en tal o cual caso, no guarda ninguna relación con la historia personal de los afectados.

La fecha de la promulgación de una ley simplemente no entre en la cronología de un pueblo. Tiene que encarnarse. Tiene que sufrir el mismo proceso de asimilación que sufrieron otros elementos de la cultura popular.

No podemos más en este estudio somero que remitir a los interesados a las investigaciones antropológicas sobre el aprendizaje popular. La sabiduría popular nos recuerda que "despacio se va lejos". La historia de las misiones del altiplano nos demuestra que los valores autóctonos andinos se mantienen vigentes después de 400 años de actividad catequística.

4. El peligro de infiltración de elementos disociadores al proceso de comunicación horizontal como señala la cuarta objeción, es peligro real. Es evidente que el pueblo no es ideológicamente virgen. Sólo podemos decir que no hay forma, aparte de la represión directa, de eliminar del todo la presencia de actividades negativas dentro del seno de un proceso.

Parecería que mientras más participada la comunicación, más posibilidad de descubrir la propaganda ajena a sus intereses. Una nota esencial de los modelos de comunicación que presentamos, es la revisión continua por el mismo pueblo. La finalidad del proceso no es de lanzar comunicados a otros grupos sino de maximizar la comunicación interna. En muchos casos, los puntos de vista parciales, movidas por consignas ajenas a la situación real del pueblo, serán refutadas en el momento de lanzarse.

*Aún en el caso de posible mistificación y engaño del pueblo, la experiencia de enfrentar estas realidades contradictorias sirve de mucho para lograr el juicio crítico que se busca. [La intervención de grupos políticos interesados sirve al proceso. De una parte no hay que ser ingenuos. Hay que darse cuenta de la existencia de personas que sirven a intereses antipopulares sea consciente o inconsciente. Pero ello puede servir como autocrítica al proceso si éste se ha desviado. Ningún proceso es perfecto y puede incurrir que algunos aspectos del proceso sean contrarios al pueblo.*

*Otro aspecto positivo de intervención de grupos políticos contrarios al proceso es que sirve de control. La oposición atacará los puntos más flacos (aunque sea ficticiamente). Todo proceso de madurez tiene que aceptar la pluralidad.]*

En todo caso, la labor de difusión de ideas "ortodoxas" no cesa de parte de otros organismos de la entidad matriz, sea ésta gubernamental o voluntaria.

En resumen, es necesario volver a decir que para responder a las objeciones a la comunicación participada, hay que aclarar la finalidad de la actividad. Todo depende de la expectativa. Hay que decidir si se trata de metas o de procesos, o en otras palabras de propaganda o de concientización. Si se responde que se busca la concientización o educación, insistimos que alguna forma de comunicación horizontal se impone.

En todo caso, aún subsistiendo el temor de la posible dominación del proceso de comunicación horizontal por elementos movidos por consignas políticas, sugerimos que bien vale la pena dejar el proceso sin frenos.

Tarde o temprano, en alguna situación, cada organización tiene que enfrentar el problema de la libertad de sus afiliados. ¿Cómo se resuelven los conflictos de ideología, de divergencia de opinión en cuanto a la práctica? Este problema se ha planteado en términos de herejía o reformismo, según los contextos religiosos o políticos en que se ha dado el conflicto.

Las soluciones a la situación conflictiva varían entre represión, expulsión, re-educación y desquiciamiento del organismo primitivo.

Sugerimos que además de las razones de principio y de fondo que hemos presentado por la comunicación horizontal, en último caso existe el argumento que esta forma de comunicación proporciona situaciones controlables, "tubos de ensayo" para que la entidad superior gane experiencia y evalué sus mecanismos de trato con la oposición espontánea, aislada u organizada. Una objeción al concepto de situaciones "tubo de ensayo" frente al conflicto, podría ser que todo es muy utópico.

Es el gran reto de nuestros días: encontrar el equilibrio entre la planificación y el pluralismo. Se acepta el apelativo de utópico. Sólo las visiones utópicas nos liberan del dogmatismo. Hay estrecha relación entre la comunicación libre y la libertad, entre la propaganda y la opresión. El cometido de construir una nueva sociedad es utópica. No hay modelos actuales cien por ciento exitosos. No obstante, se sigue buscando la forma de fomentar mayor participación en la sociedad.

Es necesario que a la par con la construcción de nuevas estructuras políticas y económicas, se encuentren nuevas estructuras de comunicación. Si no se encuentran formas viables de comunicación participadas frente a las promesas y amenazas de los medios modernos de comunicación social, la gran mayoría de la humanidad se ha de relegar al lugar de receptores pasivos de las decisiones de una casta minoritaria de tecnócratas privilegiados.

## COMUNICACIÓN Y ORGANIZACIÓN

*Existen dos visiones del mundo, la de los opresores y la de los oprimidos. "Los pensamientos dominantes no son otra cosas que la expresión ideal de las relaciones materiales dominantes; son estas relaciones materiales dominantes captadas en forma de ideas; por lo tanto son expresiones de relaciones que hacen de una clase, la clase dominante; dicho de otro modo son las ideas de su dominación".*
**K. Marx y F. Engels, "Ideología Alemana".**

No hay término medio. Sólo existen dos formas de enfrentar el mundo. O bien uno, al ver la opresión instalada en la sociedad, se indigna y se dedica a erradicarla, o bien la acepta. Como dicen los Panteras Negras: "Si uno no es parte de la solución, es parte del problema". Pero muchos oprimidos tienen la mentalidad de sus opresores. Tal vez la peor opresión es aquella que se apodera del alma del hombre, convirtiéndolo en la sombra de su verdugo.

***Nota 2012: Muchos años después, al escribir esta nota de actualización, vemos que todavía hay la necesidad de levantar su voz "los indignados" de España y los "ocupadores" de Estados Unidos. Es aún más notorio hoy en día el papel de los medios masivos en inculcar al pueblo la mentalidad de sus opresores. En Estados Unidos la muy reducida clase media sigue votando en contra de sus propios intereses económicos, engañada por las inventadas causas raciales y "morales". En América Latina, la oposición a los gobiernos de tinte progresista ya***

*no se lleva con golpes sino gana el apoyo, hasta de los pobres, con arengas demagógicas y millonarias campañas publicitarias.*

¿Cómo hacer ver al pueblo oprimido que su felicidad no se encuentra en remedar la vida e ideología de sus opresores? ¿Cómo quitarnos la capa de creencias que tan hábilmente nos ha impuesto la clase dominante? ¿Cómo volver a ver el mundo con nuestros propios ojos, dejando a un lado la visión ajena? Aquí reside el problema. ¿Cómo lograr la desenajenación?

Para que no siga el proceso de opresión y dominación, es necesario que los oprimidos y dominados se fijen en su realidad, en su mundo. Toda reflexión, toda enseñanza, tiene que partir de la vida, no de esquemas impuestos. Y la mejor forma de evitar el auto-engaño es de mirar la vida junto con otros que se encuentran en la misma realidad. Sólo en el encuentro realista de diálogo es posible llegar a una conciencia de la naturaleza del mundo que nos rodea.

No hay posibilidad de diálogo entre el opresor y el oprimido. El diálogo es el encuentro entre dos personas, a través de la común vivencia que comparten. El diálogo no nace del deseo de intercambiar ideas sobre una idea o teoría. La misma realidad que toca la vida de las personas es lo que los une en el diálogo. Siendo que la visión del mundo del opresor no concuerda en nada con la del oprimido, nunca puede existir diálogo entre ellos sino solamente otra forma sutil de dominación y propaganda. El diálogo sólo puede existir entre los dominados. Y el verdadero diálogo puede ser para ellos un medio de salida de su estado de dominación.

El proceso de toma de conciencia pasa por los momentos de reconocimiento y crítica de la realidad. Para que el reconocimiento sea válido hace falta el diálogo. Hace aún más falta, la presencia de otros que viven la misma realidad para que la crítica sea profunda, para que el redescubrimiento de la consistencia de la injusticia sea asimilado por los oprimidos.

Pero esta toma de conciencia es incompleta. No basta con darse cuenta de la opresión entronizada en las estructuras injustas. No basta con asimilar la nueva conciencia.

Aquí se queda la "concientización" barata que está de moda. Esta supuesta toma de conciencia no se diferencia mucho del estudio teórico de sociología o de economía. Descubre y comenta la realidad, pero no se propone cambiarla. Para que sea efectiva la concientización, es necesario buscar la conexión entre todos los aspectos de la realidad revelada en el diálogo para que la visión global, la síntesis, sirva para cambiar la realidad en sus manifestaciones injustas.

# DIALOGO Y ORGANIZACIÓN POLITICA

El diálogo entre los dominados no efectúa en sí el cambio social. Pero el diálogo es condición previa para la toma de conciencia que puede estallar en el cambio social. Esta toma de conciencia tiene que asumir un carácter unificador, sintetizador de las diversas manifestaciones de injusticia existentes. Para pasar de la observación crítica a la acción hace falta esta síntesis. Sólo la acción consciente es efectiva. La acción consciente se aprende y se orienta en la praxis, la práctica organizada. Para que la acción se oriente y se unifique hace falta la organización.

Entonces es evidente que el diálogo es indispensable para la concientización; la concientización es indispensable para la teoría; la teoría es indispensable para la praxis. Además, la praxis requiere la organización. Y sólo en la organización política de las masas oprimidas puede lograrse el verdadero cambio social.

De todo esto se desprende que el diálogo es esencial a la organización. No se puede caer en el error de considerar el diálogo un lujo, un mero apoyo a la organización. Con todo es cierto que el diálogo solo no logra el cambio social. Es la organización del pueblo que logra el cambio social. El diálogo que se queda en mirar el mundo sin llegar a plantear el cambio del mundo es mero verbalismo. El diálogo tiene que llegar a la praxis. La unificación de las praxis individuales se logra con la organización. Entonces la organización es la clave para el cambio social.

La organización que pase por alto al diálogo nunca logrará el auténtico cambio social. No es posible tumbar la injusticia de los opresores con la misma arma de ellos, la imposición.

La organización anti dialógica podría desenterrar alguna que otra manifestación de opresión, pero no destituye la mentalidad opresora porque con organizar los oprimidos sin respetarlos, los vuelve a oprimir y a imponer otros opresores.

## CAMBIO CULTURAL

Es necesario recordar que los cambios estructurales, en definitiva la revolución que se espera es cambio social.

60

Para que sea auténtica el cambio tiene que ser un cambio cultural.

Las infraestructuras, tales como la propiedad, la tenencia de la tierra, siempre guardan relación con la superestructura, la visión del mundo, o la ideología.

Levi-Strauss indica que las sociedades "primitivas" se difieren de las sociedades "históricas" no en el nivel de desarrollo o subdesarrollo de su agricultura o de su industria sino en su posibilidad o aceptación del cambio. El cambio toca las mismas fibras de una cultura.

El Che vislumbró esto cuando hablaba del "hombre nuevo". Habrá sido mal economista, pero se ha consagrado como consumado antropólogo y pedagogo revolucionario al señalar la importancia de la mística revolucionaria. La "Revolución Cultural". China también quiso atacar el meollo del problema, la interiorización de los cambios sociales en la mentalidad del pueblo.
*Nota 2012: Ahora vemos que la experiencia china da razón a nuestra insistencia que la imposición del cambio social o cultural es imposible. Aunque Mao hablaba como revolucionario, operó como déspota y por lo tanto no logró que el pueblo interiorizara los valores socialistas de su programa. El pueblo chino ahora ensalza la avaricia en lugar de la cooperación.*

No hay cambio verdadero o duradero fuera de la relación hombre-mundo. No hay cambio de infraestructuras que dure sin el correspondiente cambio de la superestructura. Es sabido que subsisten las categorías mentales propias del peón, aún después de la reforma agraria. También son los casos de los dirigentes proletarios que dominan a sus bases con el mismo autoritarismo de las clases dominantes. Hay campesinos que sólo aspiran conseguir un camión para dedicarse al rescate de los productos de sus vecinos.

La fecha del Primero de Mayo sugiere otro ejemplo. En ese día, en nuestros países se recuerda la memoria de los mártires de Chicago, los sindicalistas norteamericanos asesinados por la policía de los capitalistas. Los esfuerzos de los primeros organizadores laborales ganaron muchas conquistas y mejores para la clase obrera norteamericana. ¿Ahora dónde está su espíritu de lucha revolucionaria o su solidaridad con los oprimidos del Tercer Mundo?
La clase trabajadora norteamericana se ha convertido en fuerza conservadora, totalmente entregada al sistema capitalista. Los hijos y nietos de los inmigrantes de la última generación no tienden la mano a los negros y latinos que son el proletario de hoy.

¿Qué sucedió? Las "conquistas sociales" sólo cambiaron algunas de las infraestructuras. Pero, la superestructura logró neutralizar todo el espíritu de clase de los trabajadores. La escuela oficial, los valores capitalistas, la religión conformista, todo el tinglado de influencias logró conformar la superestructura mental en los trabajadores.

Indudablemente, cojea el ejemplo. Ni se cambiaron las infraestructuras en Estados Unidos; el sistema dominante permitió que se modificaran. Valga el ejemplo para insistir en la primacía de la superestructura.
*Nota 2012: Parece que despierta el pueblo norteamericano. La rapiña del sector financiero con la complicidad del Congreso suscita una nueva conciencia de la lucha de clases, aunque no se usa esta terminología en Estados Unidos.*

Si es cierto, como se planteó más arriba, que el diálogo solo no logra el cambio social y que la organización política de las masas es el elemento decisivo en efectuar el cambio social. Sin embargo, los ejemplos de arriba son testimonio claro que la organización sola tampoco instaura el cambio social.

El cambio social depende de la concientización a través de la comunicación dialógica, conjuntamente con la organización política. La organización política es decisiva y crucial en asegurar el éxito del cambio, pero siempre y cuando nazca de la sistematización teórica, el fruto del diálogo. La organización desencarnada, que no nazca de la experiencia y consenso del pueblo, se queda en el nivel de cambio de unas cuantas estructuras, las más obviamente opresoras. El cambio viene a cuentagotas. Viene a ser una imposición parecida a las otras imposiciones de la clase dominante.

Los planteos de la primacía de la organización política que no toman en cuenta la necesidad de la concientización del pueblo, se descubren por verticales, impositivos y paternalistas. Y todo paternalismo mantiene la dependencia de los "favorecidos". El paternalismo nunca es liberador sino esclavizador, nunca concientizador sino "ingenuizador".

Los esfuerzos dedicados al fomento del proceso dialógico de comunicación nunca pecarán de paternalistas. El autoritarismo siempre duda de la libre expresión de ideas. So pretexto de apurar el cambio social, roba al hombre lo más precioso que tiene, su auto-afirmación de hombre. En lugar de ser acción cultural, el cambio social y la organización política anti dialógica se convierten en invasión cultural. La invasión de cualquier cuerpo extraño siempre es rechazada. Después de 20 años, se recoge el fracaso de la invasión cultural de Polonia. Por no respetar la cultura religiosa del pueblo antes, ahora el gobierno polaco tiene que hacer concesiones no al pueblo sino a la Iglesia oficial contrarrevolucionaria por esencia.

La simple y llana barrida de la infraestructura religiosa de hace 20 años ha causado que la superestructura religiosa aparezca renovada y más fuerte durante la Semana Santa de 1972 en Polonia. El resultado es elocuentemente aleccionador.

Tiene que existir una coherencia entre la opción humanista revolucionaria y la forma de actuar, concretamente en la organización política. Hay revolucionarios que se desviven por la causa; desean la participación popular, el ascenso de masas, el poder proletariado. Pero, a la postre, actúan como si se tratara de cosas o de borregos y no de personas. Y por lo tanto no logran ni la organización duradera. Si se opta por el cambio, no se puede temer la libertad, ni huir a la comunicación.

Después de insistir tanto en la comunicación dialógica es necesario volver a lo expresado antes, que la organización política es crucial y la clave para el cambio social y cultural, pero sólo es liberadora cuando va a la par con el diálogo humanista.

Si es necesario organizar, también es necesario problematizar el porqué. Sin la participación consciente de los organizados en la organización, sólo hay caudillismo y populismo.

Aceptada esta premisa, se puede aceptar hasta la difusión masiva de contenidos políticos dentro de la tarea de la organización. Sería ingenuo perder de vista que los opresores se sirven de todos los medios para mantener el status quo. La difusión del análisis de los mecanismos de dominación también tiene su lugar en el proceso de liberación para señalar y desenmascarar estos mecanismos. El respeto profundo humanista por el aporte dialógico no está reñido con el hecho de la existencia y difusión de las análisis y teorías revolucionarias, nacidas ellas mismas de la dialéctica.

## LOS MEDIOS DE COMUNICACIÓN SOCIAL

Es evidente que en nuestros días los medios masivos se utilizan para la comunicación social. Tal vez sea más acertado tildarlos "los medios masivos de información" porque difícilmente sirven para la comunicación dialógica.

Los grandes medios masivos, la radiodifusión y la TV, son instrumentos al servicio de los opresores. No parece necesario insistir en el control ejercido sobre ellos por el imperialismo cultural extranjero, los intereses políticos, los consorcios financiero/agro/industriales. Sólo ver la televisión convence que se utiliza para difundir la ideología dominante, y las frivolidades destinadas a distraer la atención del pueblo de los mecanismos de dominación.

Pero aun en el caso hipotético de los medios de comunicación libres del control de la clase opresora, no sirven para la concientización del pueblo por ser esencialmente verticales. La constitución misma de los medios masivos obliga a 1 toma de decisiones y la producción a esferas altas, tecnificadas y lejos de la participación del pueblo. Cualquiera no libretea ni realiza un programa de televisión. Además, los equipos son complicados y caros y no se manejan sino por técnicos.

Más importante aún es el hecho que por su distancia real y cultural de la vida del pueblo, los medios de comunicación masiva no pueden ser dialógicas. No parten de la vida del hombre. No pisan la realidad de las barriadas del campo. No hay diálogo porque no interviene ningún común denominador vivencial entre productor y público.

No obstante, hay nuevos adelantos en el campo de la comunicación que pueden servir a la tarea de liberación. Ya no se trata de los "medios masivos de información" sino de la nueva "microtecnología" simplificada. Tenía que ser así. El cambio cultural de nuestros días tiene carta de ciudadanía en el mundo moderno. Las revoluciones nuestras son revoluciones del siglo veinte y tendrá el sello de la era electrónica.

Dado que los medios masivos, la TV y la radiodifusión, están en manos de los opresores, no puede esperar que ayuden en la liberación de los oprimidos. Esperar esto, sería tan absurdo como esperar que la casta privilegiada de guardia de un tirano ayudara en su derrocamiento. Los interesados en tumbar al tirano tiene que utilizar otra táctica, tal vez la guerra de guerrillas.

Los nuevos medios de comunicación hacen posible la guerrilla contra la tiranía de los medios masivos que detentan las clases dominantes. El videotape, las grabadoras y cassettes (ver modelos de su uso en otros capítulos) son las nuevas armas que se tiene que empuñar en la guerrilla de la comunicación dialógica.

Estos medios simplificados sí pueden fomentar el diálogo y la comunicación horizontal. No padecen de la verticalidad necesaria de los medios masivos. Su manejo fácil posibilita su uso por aprendices. Se puede llevar un videotape a una reunión sindical para grabar sin corriente. Así se capta la realidad sobre terreno.

Entonces es posible mantener la fidelidad a la concientización dialógica al mismo tiempo que se aprovechan las ventajas de la tecnología moderna. Pero es una tecnología liberada del control exclusivo de los opresores.

El empleo de la imagen es importante para el descubrimiento de la vida. No hay praxis revolucionaria sin reflexión sobre la vida. La cámara de videotape puede captar todo el universo que rodea al hombre para traerlo a su atención en compañía de sus compañeros, para iniciar un diálogo crítico y creativo. Así se respetan los requisitos del auténtico diálogo, que parte de la realidad, y que sea una realidad común a todos de una clase social.
*(Nota 2012: En años recientes la opinión pública internacional y de varios países se ha convulsionado con denuncias de abusos y de corrupción respaldadas por imágenes captadas por activistas no profesionales.)*

Estas sesiones de grabación, reflexión, de crítica no lograrán el cambio social por sí solas. Siempre habrá la necesidad de arrancar la praxis del diálogo. Siempre habrá que organizar las masas políticamente. Pero se sugiere la forma de garantizar que el diálogo acompañe a la organización.

Como se ha dicho en la primera parte de este capítulo, la organización necesita de la concientización previa para que no se convierta en manipulación. El reto de nuestros días es de descubrir la forma de aprovechar los nuevos modos de facilitar ambos momentos en el proceso del cambio social. Por lo tanto, la importancia de incorporar los medios electrónicos capaces de utilización dialógica al arsenal del pueblo en la búsqueda de su liberación.

# MODELOS DE COMUNICACIÓN PARTICIPADA

## 1. INTRODUCCION

En esta segunda parte ofrecemos varios modelos de comunicación participada. Nuestra intención es de usar la moderna tecnología al servicio de la promoción. El haber trabajado varios años en radio, en cine, en TV nos da conciencia de la importancia y del impacto de estos medios en el mundo moderno. Pero a la vez nos damos cuenta del proceso de deshumanización que la mala utilización actual de estos medios está llevando a cabo en nuestros días. Por eso, al lado del valor que damos a los medios técnicos como instrumentos que aumentan las posibilidades de la comunicación, juntamos nuestro afán de humanización, de poner nuestro aporte para lograr que el hombre se enfrente a la realidad del mundo en que vive para cambiarla.

Algunos medios electrónicos modernos son técnica y económicamente mucho más accesibles que antes. . *(Nota 2012: aunque unas de las tecnologías mencionadas han desaparecidas, sigue válida la observación de los siguientes párrafos)*
La cámara fotográfica, el proyector de diapositivas, la grabadora a casetes, el videotape portátil, la cámara del cine súper 8 e incluso la de 16 mm están al alcance de muchas personas por su relativo bajo costo y por no exigir una gran especialización ni tecnicismo para su manejo; y si todos estos medios no están al alcance de personas particulares, sí están al alcance de algunas instituciones que trabajan en promoción

Ahora bien, estos instrumentos pueden ser empleados como un hobby o como un medio de documentación sobre la realidad. El videotape, portátil, por ejemplo, puede ser empleado para grabar una escena familiar; una reunión social o para documentar una realidad de opresión y de explotación.

## OTROS MODELOS

Los modelos que nosotros ofrecemos han nacido de la experiencia nuestra o de grupos con que hemos estado en íntimo contacto. Sabemos que hay otros modelos para la comunicación dialógica que por el momento no han sido experimentados por nosotros. El no incluirles en nuestro libro se debe a este hecho, falta de experimentación no a que subestimemos su eficacia o sus posibilidades. Incluso creemos que algunos de estos modelos están más al alcance de ciertos grupos populares.

Nos referimos al uso de: afiches, murales, teatro, títeres, historietas, folletos, etc. Más bien es posible que estos vehículos soslayen un peligro que tiene la tecnología. Cuando un grupo de promoción se acerca al pueblo con una tecnología, por muy sencilla y accesible que esta sea, se corre el peligro, al menos en el primer momento, de crear una dependencia del grupo del pueblo respecto del grupo promotor, dueño de los "aparatos mágicos". Sin embargo, que se fomente o no la dependencia, es fruto de la actitud del grupo promotor.

Otra advertencia más se nos ocurre: los modelos de la comunicación dialógica que ofrecemos no son receta para ser puestos en práctica a la letra, tal como son descritos. Son más bien modelos nacidos en unas circunstancias determinadas y concretas. En otras circunstancias y con

70

otras personas la experiencia puede tomar otros aspectos, siempre que responda en definitiva al afán de poner los instrumentos técnicos en manos del pueblo para que éste diga su palabra. Incluso el no ser experiencias completas tiene su ventaja. Toda experiencia de laboratorio, realizada en inmejorables condiciones técnicas, económicas y humanas no es exportable. Muchas veces estas condiciones inmejorables no existirán, sea por falta de medios técnicos, económicos o de las personas apropiadas, o porque en el lugar donde se va a trabajar no se dan las mismas condiciones. Lo esencial es estos medios como vehículo para la expresión del pueblo.

Acá se nos ocurre una objeción que muchos harán y que ya nos han hecho a nosotros: estos instrumentos son delicados y no pueden indiscriminadamente ser puestos en manos de cualquiera, deben estar en manos de técnicos. Además, ¿cómo puede una persona sin cultura producir una serie de diapositivas, un programa de radio, una grabación de videotape? ¿No se necesitaría una larga capacitación técnicas, antes de producir programas? El pueblo sería capaz de expresarse con una quena o una guitarra, pero ¿cómo podrá hacerlos con un videotape o una cámara fotográfica?

Es claro que se necesita un elemental entrenamiento para el manejo de los técnicos, pero no tanto que signifique una profesionalización o un virtuosismo. No se tienen que formar fotógrafos o camarógrafos, sino obreros, vecinos, jóvenes que puedan expresarse y documentar su realidad a través de una cámara.

Además, la tecnología empleada es muy sencilla y accesible. En nuestras experiencias con vecinos de pueblos jóvenes en el uso de videotape portátil y en la producción de diapositivas nos ha sorprendido la facilidad y rapidez con que aprenden el manejo de los aparatos y los magníficos resultados que son capaces de lograr a las pocas horas de tener la cámara fotográfica en sus manos. *(Nota 2012: Ahora vemos a los niños expertos en el manejo de la tecnología)*

Será necesaria la presencia del técnico, pero no para manejar los aparatos, no para encuadrar la cámara o sugerir una toma sino para solucionar pequeños detalles técnicos del funcionamiento del aparato.

No se trata de formar profesionales, no se trata de crear entre los pobladores, una pequeña casta de privilegiados, de especialistas en el manejo de la tecnología, de modo que puedan emplear esta especialización como argumento para sentirse y hacerse superiores a sus compañeros, en definitiva para dominarlos.

Ni creemos que sea suficiente la objeción de la incapacidad de los pobladores, campesinos o grupos del pueblo para sistematizar un diagnóstico de su realidad en una serie de diapositivas, en una grabación de video o en un documental. Nadie mejor que el poblador o el minero que vive en la propia realidad puede expresar la experiencia sobre esta realidad.

No hay que olvidar, por otra parte, que no se trata de televisión, cine o radiodifusión comerciales donde prima una específica concepción del "arte" que depende del genio de una o de pocas personas especializadas en la tecnología de un medio específico.

Julio García Espinoza, cineasta cubano, ha publicado un artículo titulado "Por un cine imperfecto", cuyo argumento nos sirve como introducción para esta segunda parte de nuestro libro.

García Espinoza aboga por un arte popular, un arte de masas, no para las masas, para que la consuman las masas, sino un arte producida por la masas, por el pueblo.

Para ello habrá, en primer lugar que acabar con la tradicional división entre arte culta y arte popular. Generalmente grupos "elitistas" han producido un arte para grupos minoritarios. La característica de esta arte era la alta cultura, el perseguir la "calidad artística", el ser de difícil comprensión, de modo que sólo unos pocos puedan entenderlo. Junto a estas "obras de arte" se han producido como una concesión obras más comprensibles, más accesibles para el pueblo. Este concepto y realidad elitista del arte debería acabar, no debiera existir más esta diferencia entre arte elitista y arte para el pueblo. Debiera únicamente existir un arte popular. El arte es una necesidad para todos; todos tenemos necesidad de sentir las emociones y el aspecto bello de la realidad. De sentirlas y expresarlas.

Sin embargo, habrá mementos en que el artista experimenta otros modos de expresión que no entiende el pueblo. La idea del arte popular no significa que el artista deje de crecer sino que el artista debe desarrollar su arte en contacto con el pueblo, no en una torre de marfil.

El cineasta cubano García Espinoza define varias características del arte popular; en primer lugar el arte popular ha logrado que los creadores sean al mismo tiempo espectadores y viceversa, ha roto el elitismo y el aspecto minoritario del arte culto. Además, el arte popular se realiza como una actividad integrada en la vida. El artista no es un profesional como artista. Es más bien una persona (médico, obrero, campesino) que expresa su realidad y sentimiento en forma artística. Por otra parte el arte popular no es exhibicionista; al arte popular no le interesa ni el aplauso de los críticos, ni la calidad artística, ni el buen gusto; al arte popular le interesa el diálogo, la comunicación de experiencias expresada en forma humana y por tanto, entre otras cosas, bella.

Parece que el concepto del arte que tiene García no dista mucho del concepto de la educación de Paulo Freyre. Ambas visiones, la del creador/espectador/creador y la del educador/educando/educador dependen del diálogo respetuoso; ambas visiones rechazan el verticalismo en la comunicación humana.

Para terminar diremos que nuestro propósito al poner en manos del pueblo estos instrumentos técnicos no es el de conseguir que el pueblo produzca obras persiguiendo una calidad artística, sino que exprese su propia realidad, a través de estos medios para comunicarse con sus semejantes, como lo ha hecho a través de la canción, del cuento, de la poesía, de la leyenda, de la danza y de tantas otras expresiones que en su forma actual "son una muestra trágica del estado en que fue obligada a quedarse la actividad creativa del pueblo cuando éste fue dominado".

## DIAPOSITIVAS (SLIDES)

**Nota en 2012: Dejamos estas experiencias en esta edición porque son testimonio de la creatividad de la comunicación popular de los años de represión en América Latina. Obviamente, los medios disponibles hoy día brindan más posibilidades. Hoy en día vemos**

su valor en la movilización del pueblo en muchos países.

## INICIOS

Desde los comienzos de la metodología audio-visual ha habido interés en la utilización de diapositivas para la comunicación popular.

Entraron muy pronto en las escuelas y otros centros de educación. Fueron utilizadas para ilustrar la ponencia del profesor. Por ejemplo, mapas, diagramas, obras de arte y todo lo que no se podía traer físicamente al aula. Luego se reconoció que la imagen era 1 misma era expresiva. Algunos profesores comenzaron a hablar menos, dejando que los alumnos se expresaran sobre lo que la imagen les revelaba. A este nivel fueron mejor empleadas las diapositivas, ya no como meros apoyos a las palabras del disertante. Pero nunca dejaron de ser codificaciones hechas por otras personas y destinadas a los alumnos.

## PROGRESO

Tal vez se respetaba al alumno más que en la etapa anterior, pero se continuaba relegándolo al plano inferior de receptor de lo ajeno.

Hay que reconocer los puntos positivos del uso interpretativo o descodificador de diapositivas. No lo ponemos el ridículo. Proporciona al alumno la oportunidad de reflexionar y opinar sobre los temas que se le presentan.

Pero sí insistimos que hay otra forma de trabajar con diapositivas que puede ser más eficaz en la tarea de la educación y promoción liberadora. No se presenta nada a los alumnos. No están de meros receptores. Se les habilita para que ellos mismos documenten su realidad.

Si una foto impactante que capta una actuación real puede mover el espectador a reflexionar sobre esa situación, ¿acaso no sería más conmovedor el cuadro que él mismo ha captado desde su propia realidad?

## EXPERIENCIAS

A continuación, se presentan unas experiencias a los distintos niveles mencionados arriba. La última demuestra la fuerza de la teoría del diálogo aplicada a la práctica. Es la experiencia realizada en una barriada de Lima donde los mismos pobladores escogieron y captaron en película las escenas auténticamente representativas de su vida, y por lo tanto las más problematizadoras y concientizadoras.

Con más frecuencia, no se procede con tanto respeto para el pueblo. A veces se arranca con el deseo de concientizar valiéndose de diapositivas, pero no se va más allá de la disertación ilustrada.

Otras veces se trabaja con diapositivas para estimular la discusión entre los participantes. En este caso la finalidad de las imágenes no es de ilustrar las palabras del momento sino de dar pie a las intervenciones de los presentes.

Las experiencias que siguen se pueden calificar de deficientes en cuanto a la participación activa de los receptores en la producción de la serie de diapositivas. Ya se ha dicho que la última fue exitosa. Se presentan los ejemplos deficientes para que sirvan de contrapunto al completo.

El primer caso fue de un curso de concientización cooperativista. La serie de diapositivas fue producida por un equipo de artistas, pedagogos y técnicos en el cooperativismo.

Los productores se dieron cuenta de la importancia de aterrizar a la realidad de los destinatarios de su mensaje. No se trató de un grupo de pedantes de butaca. Se escogieron situaciones reales que fueron ilustradas según la realidad de la clase obrera limeña. Se empleó una forma popular de historietas o "comics", las palabras de los personajes dibujados en las diapositivas salieron en los bocadillos o globos propios del género.

No se intentó entrar a la materia del cooperativismo con su historia y organización sino se limitó el alcance de la serie a una historia de las condiciones que aquejan al pobre y que lo llevan a pensar en una forma comunitaria de solucionar su problema.

El curso ha tenido mucho éxito. Los promotores cuentan que los participantes en las sesiones se quedan hasta muy tarde llevados por la discusión que se suscita a raíz de las diapositivas.

Tal vez el éxito reside en la presentación del curso (dibujos tipo historietas o comics). Tal vez en la adecuación a las condiciones reales del participante. Tal vez en el respeto en que se tiene el participante al valorar su participación antes de meterle esquema y lecciones. Seguramente es una combinación de todos estos factores.

Lo que hemos visto es una conciencia única de parte de los productores. Si ha tenido éxito, ha sido por la preocupación de los productores con adecuar el curso a la realidad. Pero ¿qué garantía hay que siempre ha de existir esa misma preocupación?

El caso que acabamos de ver pudo haber fracasado porque fue una producción vertical. Por suerte, parece que fue la combinación de factores positivos que pesaron más que esa deficiencia grave.

El segundo caso sufre de la misma deficiencia y Además, no cuenta con los factores positivos del anterior caso. Otra cooperativa al saber del éxito del curso descrito arriba contrató al mismo equipo para producir un curso de educación cooperativista.

En esta experiencia, había que enseñar. No había la misma mentalidad de usar las imágenes para estimular la discusión. El punto de partida no fue la inquietud por concientizador al cooperativista sino de educarlo, de informarlo. Había que meterle historia, reglamentos, procedimientos, etc.

.

El equipo productor de la serie sugirió que por lo menos asistieran unos cooperativistas de base a las sesiones de producción. No fue posible por el poco arrastre que tuvo el equipo técnico con los pobladores. Cada imagen, cada palabra de texto fue criatura del grupito de productores. El mismo vicio de verticalidad de que padecía el curso anterior, pero en un grado más peligroso. En el segundo caso no existió ni siquiera la misma adecuación a la vida del socio. El punto de partida no fue la vida de carne y hueso sino el reino de libretas de ahorros y cifras.

Hasta el momento de publicación de este ensayo, no ha sido puesto en práctica el segundo curso. Es de sospechar que no irá a tener el mismo éxito que el primero.

La finalidad de la presentación de estas dos experiencias ha sido de subrayar que siempre acecha la tentación de utilizar todos los medios de comunicación en forma vertical. En la parte teórica de este libro se intentó demostrar que sólo la comunicación dialógica es liberadora. No se descartó la posibilidad de desviar del ideal por x o z circunstancias, pero el rigor de la base filosófica de nuestro argumento sustenta que mientras más dialógico, más participación y, mientras más participación, más comunicación y por ende más liberación.

## VIDEO: PRIMERAS EXPERIENCIAS

Las tempranas experiencias realizadas con videotape estuvieron a cargo del Peoples´ Video Theater (El teatro del video del pueblo) en Nueva York. Este grupo ha perfeccionado la metodología de zanjar pleitos a través de la utilización de grabaciones de vídeo. Esta metodología, la "mediación grabada", se utilizó en un pleito que había en Washington Square Park de Greenwich Village. Se descubrió que las entrevistas logradas por medio de videotape penetraron al fondo del problema entre los distintos grupos culturales y parciales que no se podían soportar sin que nadie pudiera expresar las razones del malestar.

## PROYECTOS ACTUALES DERIVADOS

*(Nota 2012: Es emocionante revisar las bases de estos proyectos de otra época y de ver que su inspiración sigue vigente como arma popular frente a los problemas de la actualidad.)*

**People's Video Theater** (*El Teatro Popular*): La estrategia de este proyecto es de buscar dos metas: la comunicación intergrupal y la captación de las ideas de los a quienes normalmente no se les escucha. Estas dos metas se logran mediante dos tácticas: la "mediación" y la encuesta participada. Muchas veces las personas o grupos envueltos en pleito no pueden oír los argumentos del otro bando sin tergiversarlos de tal forma que no se capta lo que quería decir el otro sino lo preconcebido por el oyente. Con la metodología de mediación se graban las declaraciones de un grupo sobre el tema discutido. Luego se reproduce la grabación para el otro grupo para que ellos expresen sus reacciones. Todo esto a su vez se graba para que vean el primer grupo. Así se entabla una mediación entre grupos humanos por intermedio de la nueva tecnología de los videotapes.

El Teatro Popular ha experimentado que en algunas ocasiones se llega a una resolución de conflictos a través de las declaraciones grabadas que no se logra al calor de las confrontaciones personales...

En el proyecto actual que lleva People's Video Theater (El Teatro Popular) se emplea el videotape dentro del marco de la encuesta participada que es una metodología sociológica que intenta minimizar la influencia de los prejuicios de los científicos sociales sobre los resultados de una investigación. Se busca la participación en la recolección e interpretación de datos de las mismas personas metidas en la realidad por estudiarse. Además, la encuesta participación, pretende movilizar el grupo estudiado hacia la acción en pos de la solución del problema estudiado. No se acaba con encuestas, tablas y estadísticas, sino con un documento final en cuya redacción han participado las mismas personas encuestadas.

El encuestador aporta un esquema posible de interpretación de la realidad, pero intenta no imponer su parecer ni manipular las opciones. Los encuestados ordenan sus opciones de acción posterior, según las prioridades del caso. Promete mucho la utilización de videotape como vehículo para la encuesta participada. Se facilita la expresión auténtica del pueblo sin el peligro de la interpretación de los "científicos".

Las sesiones de reflexión sobre las declaraciones de los participantes también se graban, a fin de juntar datos auténticos sobre la realidad estudiada. La compaginación y síntesis de todo el material grabado está a cargo de un grupo representativo de los interesados. Las grabaciones compaginadas y editadas luego sirven como el documento final que es la expresión autorizada del intercambio de opiniones y posiciones. El producto grabado sirve para fomentar más dialéctica y reflexión entre las bases o para representaciones ante las autoridades competentes en las áreas discutidas.

**Challenge For Change:** La utilización del videotape que despertó más atención es el programa CHALLENGE FOR CHANGE (Reto para el cambio), traducido en el Perú con Reto Liberador.

Challenge for change, fue un programa del Departamento Cinematográfico del Gobierno del Canadá. Desde sus primeros días el Departamento Cinematográfico canadiense, ha querido utilizar el cine como medio de alcanzar cambios sociales en el país. El impulso inmediato para el programa Challenge for Change, data del año 1967, cuando un equipo de cineastas visitó la comunidad pesquera de la isla de Togo. Aquí, se perfeccionó la metodología de trabajar con los interesados y no para ellos.

Las tomas fueron enseñadas a los pescadores antes de editarlas. El público participa en las discusiones y montaje. Esta forma de proceder caracteriza la técnica de Challenge for Change.

El técnico de Challenge for Change no es el cineasta tradicional que consideraba el observador imparcial que filmaba y montaba guiado por su visión personal de la realidad. Más bien ahora el cineasta trabaja con el pueblo, permitiendo que la película refleje las inquietudes del propio pueblo induciéndole a enfrentar sus propios problemas y soluciones.

Después de estas primeras experiencias con el cine, los responsables de Challenge for Change se dieron cuenta que es importante que los interesados en un problema participen en el montaje de las imágenes captadas por los profesionales. De ahí, luego vieron que sería más importante que los participantes mismos filmen. Pero cuando se trata de cine, es difícil lograr este ideal porque los equipos son complejos y caros.

A estas alturas, se produjo un salto enorme en el progreso de las comunicaciones horizontales y participadas. El video portátil resolvió los problemas que impedían que el pueblo mismo escoja la visión de su realidad que se documenta. Los equipos portátiles de videotape son fáciles de manejar, no tan complicados y no tan caros.

De las experiencias con videotape realizadas en las próximas etapas de trabajo de Challenge for Change nacen otros proyectos interesantes.

Ahora el pueblo mismo participa en todos los niveles en la documentación de su realidad. La cámara llevada por un miembro de la comunidad entrevista a los vecinos en la calle. La cámara entra en las reuniones, a los lugares de diversión, a los hogares, a los conflictos. El ciudadano armado con la cámara comienza a darse cuenta de las implicaciones de la realidad que lo rodea y que antes pasaba desapercibida ante sus ojos.

84

Las personas entrevistadas responden con más naturalidad frente a otro semejante que no es técnico llegado de otra parte sino un vecino.

Con estos primeros intentos de cambiar las relaciones entre técnico y público, Challenge for Change ha contribuido mucho al descubrimiento de nuevos horizontes en el campo de las comunicaciones participadas.

## RESUMEN

Habiendo visto unas aplicaciones creativas de hace 30 años de la nueva micro-tecnología del video portátil es posible recalcar sus ventajas para futuros proyectos de comunicación horizontal.

La sencillez de su manejo. Su flexibilidad de utilización debido a su peso liviano y funcionamiento a pilas. Su costo reducido.

El video promete mucho. Es el medio indicado para la comunicación intergrupal. Permite captar la realidad sin la intervención de mucha técnica de cables, trípodes e iluminación. Las escenas y tópicos grabados pueden editarse con miras a presentación a través de la TV tradicional, aunque se tener muy en cuenta que se trata de dos medios distintos. Para utilizar video al máximo es necesario dejar de pensar en "producir". Si se trata de que el realizador impone su visión a la realidad, no se aprovecha el video hasta donde se puede. El video tiene su característica propia en ser el método revolucionario que permite que el pueblo en general tenga acceso a los medios de comunicación. Es el instrumento horizontal por excelencia con posibilidades inesperadas de aplicación dialógica.

*(Nota 2012: Hoy en día, las cámaras incorporadas en los teléfonos son tan potentes como las cámaras pesadas de la época de la primera versión. Actualmente hay ejemplos de películas enteras filmadas y editadas en el teléfono. Ahora sólo nos falta utilizar estas herramientas fabulosas con la visión de los comunicadores en cuyos hombros nos paramos para poder ver aún más lejos.)*

A continuación ofrecemos una experiencia llevada cargo de los autores.

## UNA EXPERIENCIA DE VIDEO TAPE EN BARRIADAS

*Nota 2012: Se deja la experiencia como descrita en el libro original. Ya no se usa el videotape, la cinta de video. No obstante, se considera que el planteo, la realización, y la evaluación del proyecto siguen con vigencia para la comunicación popular, aunque que sea con otra tecnología.*

La siguiente experiencia se llevó a cabo a petición de una institución de desarrollo comunal que trabaja en "pueblos jóvenes" de Lima.

Había llegado a nuestra atención la noticia de que dicha institución pensaba traer un equipo completo para montar un estudio de televisión de circuito cerrado con la finalidad de producir programas educativos para los pobladores de los barrios pobres de la ciudad.

Valiéndonos de la amistad que nos unía con unos directivos de la institución, ofrecimos nuestra opinión sobre el proyectado centro de producción, oponiéndonos vehementemente a la idea.

Planteamos nuestro punto de vista desarrollado en el tercer capítulo de este libro, a saber, que la concientización del pueblo no se logra por medio de la "enseñanza" dirigida a él sino por medio de la propia expresión creativa del pueblo mismo.

Insistimos que un equipo estacionario de televisión no permitiría la expresión del poblador de las barriadas servidas por la institución. Sugerimos que el videotape portátil era un instrumento más apropiado para la finalidad declarada.

Se acordó llevar a cabo una experiencia limitada que emplearía videotape portátil.

## PREMISAS DE LA EXPERIENCIA

La convicción nuestra de la prioridad de la tarea de fomentar la comunicación participada fue la base de nuestra oposición al proyecto original. Expresamos nuestra idea que el mero hecho de estar limitado a la necesidad de grabar en estudio los programas supuestamente destinados a los pobladores de las zonas marginadas de la ciudad, necesariamente imposibilitaba la autenticidad y la captación de la realidad vivida en las barriadas.

Se nos dijo que se pensaba traer "voceros" o representantes de las barriadas para que expresaran sus puntos de vista ante cámaras. Respondimos diciendo que esto imponía condiciones que redundarían en contra de la verdadera representatividad y autenticidad de los participantes. Recalcamos que se requería ocio y recursos no al alcance de los pobladores para que ellos pudieran acudir regularmente al centro de grabación.

En nuestras consultas con la institución aclaramos que nuestra postura era tajante, que habíamos decidido renunciar a las posibilidades de producir programas "positivos" para la TV tradicional. Expresamos nuestra convicción que ni la TV comercial comprometida con el comercio, ni la TV estatal vertical, era capaz de concientizar al pueblo. Aclaramos que la concientización sólo se logra a través del diálogo que se vuelca sobre los problemas reales de la vida.

Explicamos nuestra visión de la aplicación de la pedagogía de liberación a los medios de comunicación: nadie educa a nadie, se educa educando. Por nuestra posición definida, explicamos que no nos interesaba la TV tradicional. Puntualizamos que más nos interesaba montar sistemas de comunicación horizontal que buscarían la reflexión, análisis y creatividad del propio pueblo.

Pero reconocimos que otras personas e instituciones no son tan pesimistas frente a los medios masivos. Tuvimos que tranzar y aceptar que la propia expresión del pueblo conseguida por medio del videotape portátil podría ser una forma de proporcionar material más auténtico a la TV masiva.

No logramos que la institución abandonara su plan de un centro de producción de programas para la población de las barriadas. Logramos hacer una pequeña experiencia para conocer los alcances del videotape portátil en sectores populares para: 1. su expresión y reflexión interna y 2. como fuente de expresión del pueblo para los medios masivos.

88

## MARCO DE REFERENCIA

La experiencia realizada fue limitada y debe ser considerada dentro del marco de sus limitaciones reconocidas; limitaciones de objetivos, tiempo y lugar.

No se pretendía realizar una experiencia rigurosamente científica. Nosotros consideramos que las bases teóricas y aplicación práctica de la comunicación ideológica ya se habían dado. Nos pareció que la experiencia tenía la finalidad de ofrecer elementos de juicio a la institución que nos contrató para que ella pudiera modificar su visión elitista de producción para las clases desposeídas. Por nuestra parte ya estábamos convencidos y por lo tanto no buscamos ni métodos, ni estadísticas de pureza química.

La experiencia tenía como objetivo fundamental experimentar la metodología de "comunicación participada" a través del videotape portátil.

Este enunciado general puede ser desglosado en los siguientes acápites:

1. Ver si el videotape portátil es de fácil manejo y por tanto accesible al pueblo como instrumento apto para que el propio pueblo se exprese.

2. Probar si el uso del videotape favorece o genera un proceso de reflexión sobre los propios problemas de intercomunicación, o si más bien es un elemento de distracción.

3. Ver si el videotape favorece la expresión espontánea de las personas o por el contrario la presencia del aparato impide esta expresión espontánea.

Por diversas circunstancias, la experiencia fue limitada a seis semanas de trabajo.

La experiencia fue realizada en un Pueblo Joven situado a 15 kilómetros al sureste de Lima. Si bien de principio se pensó realizar una experiencia paralela en dos pueblos jóvenes, por varias razones, se redujo a un solo pueblo. Para la elección del lugar se aplicaron los siguientes criterios: que sea un pueblo de reducida población; que esté en proceso de organización.

Estos criterios fueron tomados en cuenta al escoger al pueblo donde se realizó la experiencia. El pueblo escogido cuenta con unas 100 familias y fue recientemente reubicado. Una de las características más saltantes del lugar, fue la desunión y pérdida de confianza en los antiguos dirigentes.

## METODOLOGIA EMPLEADA

En un principio, se pensó comenzar con una investigación social previa para conocer la realidad sobre la que se iba a trabajar. Sin embargo, se prefirió entrar sin más ya que uno de los aspectos de la experiencia era ver si el aparato fuera rechazado o no por los pobladores. Por eso se siguieron los siguientes pasos:

> 1. Elección de dos pobladores que tengan la confianza de sus vecinos, para ser entrenados en el manejo del aparato.

> 2. Entrevistas en el pueblo para que los pobladores se familiaricen con el aparato y con sus posibilidades.

3. Grabación de entrevistas, reuniones y documentos de su realidad por ellos mismos.

4. Proyección de estos documentos grabados a la comunidad reunida, con el fin de provocar el diálogo y la reflexión sobre los problemas planteados y las opiniones vertidas en las cintas reproducidas. Este diálogo fue grabado.

5. Una última grabación para que los pobladores expresaran su opinión sobre el uso del aparato.

## OBSERVACIONES

Tanto las entrevistas, como las reuniones, como los documentos fueron grabados por los propios pobladores. Los responsables de la acción solamente intervenían cuando era requerido por los propios pobladores.

Las actividades a realizarse con el aparato eran decididas espontáneamente y de acuerdo con los intereses de los mismos pobladores.

Inmediatamente que se realizaba una entrevista o una grabación completa, se la reproducía a los presentes, momento que se aprovechaba para hacer algunas observaciones técnicas a los pobladores que hicieron la grabación. Este repaso servía al mismo tiempo para que los entrevistados revisaran la grabación.

El entrenamiento de los pobladores se realizó en dos sesiones. Más que como una enseñanza se hizo como desplegar un programa de posibilidades para despertar su iniciativa. Vimos que falló un aspecto teórico/práctico: el porcentaje de representatividad en el muestreo para considerar el valor de las entrevistas.

Esta falta dio lugar a que los pobladores "responsables" limitaran sus entrevistas a personas más allegadas a ellas. Los demás miembros de la comunidad, notaron esto y exigieron más imparcialidad.

En la segunda sesión de trabajo en el pueblo, mientras los dos colaboradores realizaban entrevistas, varios pobladores se acercaron a los responsables de la acción para pedir explicaciones ¿Por qué esos dos pobladores usaban el aparato? ¿Por qué no se había avisado a los dirigentes? Se provocó una reunión, en la cual se explicó el porqué del trabajo y se trató de responder a las preguntas que hicieron los presentes sobre el aparato y su uso. La deficiencia en la visión y práctica dio lugar a una reflexión fructífera sola papel de los "técnicos" de la comunidad. Al final quedó claro que las dos personas que manejaban el aparato estaban al servicio del pueblo y tenían que trabajar de común acuerdo con sus vecinos.

Cuando fueron entregados todos los documentos grabados a la comunidad reunida asistió mucha gente que siguió con atención la reproducción de las grabaciones. Pero se quedaron pocas personas para el diálogo posterior, debido a lo avanzado de la hora y al frío. Los presentes hicieron notar el ausentismo de sus vecinos y dirigentes cuando, se estaban tratando problemas importantes. Así nació una especie de afán de aprovechar las posibilidades de mejor comunicación en la comunidad que le vieron los presentes. Progresivamente se aumentaba el porcentaje de personas claves que asistieron a las sesiones de visión pública de las grabaciones. A estas alturas toda la problemática del pueblo estaba al desnudo y era discutida por todos.

Se prefirió que el aparato entrase de por sí, sin presentación a los dirigentes, ni reuniones generales, ni propaganda. Se pretendía ver si el aparto de por sí atraía la atención de la gente y era capaz de promover una dinámica de diálogo, comunicación y reflexión. Debido a esto la etapa de familiarización de la población entera con el aparato fue casi nula y varios sectores de la población (prácticamente una manzana) quedaron con poco contacto con el proceso.

## EVALUACION SOBRE EL USO DEL VIDEOTAPE

Cuando llegamos al pueblo se encontró una situación de desorganización, consecuencia de un estado latente de rencillas y desconfianza. La presencia del aparato manejado por dos pobladores, escogidos al azar, agudizó esta tensión y se exigió al personal de la institución que explicaran el porqué del trabajo. La institución tuvo que poner en claro que el aparato estaba al servicio de todo el pueblo y que el hecho de que fuera manejado por dos personas no quería decir que ellos grabaran lo que quisieran sino que deberían grabar lo que el pueblo quiera.

El que el aparato haya entrado no por los canales oficiales (notificando y pidiendo permiso a las autoridades constituidas) chocó con el incipiente burocratismo de los Pueblos Jóvenes (oficios, asambleas, etc.).

Se dice que la gente se acompleja ante los aparatos tecnológicos. La experiencia realizada ha demostrado que, cuando uno de sus vecinos maneja la tecnología, se expresan con naturalidad y hasta con agresividad sobre sus problemas.

Por otra parte, los pobladores quedaron convencidos que después de las grabaciones, se podría proteger los derechos de todos porque se podría borrar las cintas de acuerdo a la voluntad de los mismos pobladores. Otro aspecto fue que las mujeres mostraron más espontaneidad que los hombres. Un último aspecto respecto de la espontaneidad es que cuando se establece un diálogo entre los pobladores, hay mayor espontaneidad que cuando se utiliza la modalidad de entrevistas y encuestas.

El uso del aparato despierta su reflexión. Quizá la primera vez que hablan para ser grabados no piensan mucho lo que dicen, pero una vez que ha sido reproducida la grabación reflexionan y piensan cómo hubiera expresado sus ideas o sobre nuevos aspectos que complementarían lo que expresaron.

El uso del aparato fomenta el proceso de diálogo, ya que al ver las grabaciones en las que sus vecinos han dado a conocer sus opiniones, se les despiertan nuevas reflexiones, lo que ellos hubieran dicho sobre el problema expuesto. Psicológicamente se animan a expresarse pensado que si su vecino lo ha hecho, uno lo puede hacer igual o mejor.

Además, el uso del equipo fomenta la creatividad. Lo más sencillo es comenzar por entrevistas, pero después de dos sesiones de trabajo con el videotape, ellos mismos sugirieron otras formas del uso del aparato: reuniones, documentales sobre problemas candentes, dramatizaciones; llevar entrevistas, reuniones y oros documentos grabados a las autoridades y otras formas.

La presencia del aparato despertó la curiosidad y el interés de los pobladores y este interés se reafirmó al darse cuenta de su valor.

## RESUMEN

En resumen se puede decir que la presencia de los
instrumentos de por sí no ha resuelto los problemas de la
comunidad, pero una vez que han sido superadas la
desconfianza y los malentendido, se ha al promovido la
libre expresión de la ideas por parte de los vecinos.
Además, al agudizar la situación latente, ha sacado del
letargo al pueblo y ha impulsado el diálogo y la
organización de la comunidad. Cuando, después de un mes
de trabajo, se retiró la presencia del aparato, el pueblo
estaba en un proceso de organización y de elección de
nuevos dirigentes.

## OPINION DE LOS POBLADORES

Los aspectos de evaluación vistos por los pobladores, de
acuerdo con las expresiones vertidas por ellos mismos,
fueron las siguientes:

> 1. "La segunda vez que uno habla, piensa
> mejor lo que dice. Mucho más después de verlo.
> Se corrige uno de sus errores. Ayuda a
> desenvolverse en sus palabras…"

> 2. . "Al escuchar lo que un vecino dice, si yo
> no estoy de acuerdo con ello me siendo
> impulsado a hablar…"

> 3. "La opinión dicha a través del videotape
> lleva más a todos".

> - El uso del aparato tiene dos aspectos (dos
> caras)
> - "el de los reclamos que hacemos a favor de
> toda la comunidad pueden salir y ser vistos"

- "el de las discusiones internas para uso interno, para ver nuestras fallas, examinar nuestros errores, vernos entre nosotros: cómo hemos hablando, cómo hemos actuado; para examinar mejor nuestra situación".

4. "Posibilidad de grabar aspectos de nuestra realidad: fiestas, campeonatos, sesiones, para guardarlo y tenerlo como reliquia, como una "copa de fútbol".

5. Se ve un interés grande en seguir usando el aparato para sus fiestas, reuniones comunales. Los pobladores expresaron la esperanza que la institución social consiga un equipo de videotape portátil…"para que lo ponga a nuestro servicio, cuando lo pidamos".

6. "Los organismos estatales y todas las instituciones que trabajan con los Pueblos Jóvenes debieran tener el aparato para que periódicamente recojan nuestras necesidades, para que sean vistas por las autoridades que tienen la responsabilidad de resolver nuestros problemas. Los aparatos no engañarían, lo grabado tiene más fuerza. Nos ayudarían a resolver nuestros problemas".

## OTRAS ALTERNATIVAS

Aparte del modelo descrito arriba, el cerebro comunitario puede ser empleado en diversos niveles: un primer nivel, muy elemental, sería el de la comunicación entre los diversos grupos homogéneos sin para por una sistematización del cerebro; es decir, un grupo graba algo y lo pasa a otro grupo que añade su parecer o su opinión y lo pasa el siguiente y así sucesivamente. La ventaja de este modelo es su sencillez y economía, pero es poco práctico, ya que tarda en llegar la comunicación a los diversos centros; tampoco se consigue una comunicación dialéctica tan completa como en el cerebro comunitario con centro organizador. El sistematizar cuando es realizado preferentemente por los representantes de los ganglia supone un trabajo de comparación y de elección y por lo tanto de reflexión.

Hay otra posibilidad que puede ser muy interesante y que combina la concientización con la difusión, la estructura básica de pequeña tecnología que acabamos de describir con la tecnología más sofisticada de la radiodifusión, la tarea del cerebro como centro organizador, con la del centro de producción. Lo importante es que se conserve siempre la estructura tecnología que acabamos de describir con la tecnología más sofisticada de medios·, para no caer en el peligro de quitar la palabra al pueblo y que un grupo reducido de técnicos y especialistas (micro-medio) traduzca las inquietudes, los anhelos, el pensar del pueblo, con su lenguaje de técnicos a programas radiales. No se trata de convertirse en la voz del pueblo, sino en dar posibilidad al pueblo para que diga su palabra. Con esta salvedad el cerebro comunitario se puede convertir en centro de producción de programas para una emisora comercial o estatal. Si se respeta la salvedad, sería mejor hablar de un centro de "acabado" de programas nacidos de la base. Esto podría dar un esquema para una radiodifusión participada. Varios cerebros comunicadores, en su calidad de centro de producción estratégicamente distribuidos en zonas de influencia de la emisora enviarían sus programas para ser difundidos. Las opiniones de base podrían ser no sólo sobre su realidad, sino también sobre el resto de la programación de la emisora, particularmente la información. En este caso se ha de procurar que el personal de la estación no se convierta en un micro-medio (sedazo o nivelador) que seleccione y dirija.

Tanto el personal responsable de los contenidos, como el personal técnico corresponden a los grupos de base. Inclusive se debiera prever una forma de participación en las decisiones y en lo económico de estos grupos de base.

Esta estructura organizativa que parte de la base puede completarse para una región, con un centro regional de servicios, técnicos y de preparación humana que atienda las diversas cadenas de comunicación horizontal. La finalidad de este centro no sería la de absorber atribuciones de los centros zonales sino de ayudar a estos.

Pudiera ser tarea de instituciones de gobierno o centralizados, con el fin de emplear sus recursos económicos y humanos para promover y maximizar el proceso de comunicación horizontal, evitando el peligro de caer en una estructura impositiva, vertical y centralizada.

La compulsión del medio consiste en el dominio que la tecnología ejerce sobre quienes la usan. Es decir, que se da más importancia a las exigencias de la técnica que al valor humano de la comunicación. Por ejemplo, una emisora de radio exige una programación continua, rígida; exige una mínima especialización.

.

## "PRESENCIA DEL PUEBLO" EN LA RADIO

Generalmente los manuales que tratan de radiodifusión suelen hacer una advertencia que consideran muy importante para quienes se dedican a producir programas de radio: tener en cuenta al oyente. Saber sus gustos, sus aspiraciones, sus horarios, más apropiados.

Hoy las grandes estaciones de radio, cuentan con un departamento de investigación sociológica. Periódicamente se realizan encuestas y sondeos para saber las reacciones ante los programas transmitidos, las expectativas del público y del tipo de oyentes en cada momento de programación. De esa forma al planear la programación se tiene muy en cuenta a este oyente, su sicología, sus gustos, sus aspiraciones, sus expectativas, su lenguaje. Pero esto es un arma de doble filo, mucho más si tenemos en cuenta la estructura de la radiodifusión en Latinoamérica: la explotación comercial. En efecto, gran parte de la radiodifusión Latinoamérica, el 86% y la de mayor potencia, según estadísticas proporcionadas por SERPAL (Servicio de Radiodifusión para AL) está en manos de empresarios privados, para quienes la radiodifusión es un modo de propaganda comercial.

Incluso muchas veces la propiedad de las estaciones de radio, está relacionada con grupos de poder económico y político. Esto nos abre una perspectiva del por qué y hasta dónde llega el lema de "tener en cuenta al oyente". Ganarse al oyente para poder manipularlo mejor con fines comerciales y políticos.

## CAMBIOS RECIENTES

Por otra parte la radiodifusión hoy, por la presión ejercida particularmente por la televisión, se ha visto obligada a renovarse. Cada día disminuyen los programas pregrabados o importados, los programas demasiado formales. Se quiere algo más vivo, más instantáneo, con más espontaneidad. Han ganado terrenos los informativos, las entrevistas, los programas de la calle.

Además, dentro de la radiodifusión en nuestros países, hay que tener en cuenta el hecho siguiente: muchas instituciones privadas particularmente pertenecientes a las Iglesias Católica y Evangélica que desde hace unos años han instalado con fines culturales, emisoras de radio por todos los países latinoamericanos. Estas emisoras tenían como finalidad la extensión cultural; la mayor parte de ellas eran instaladas en zonas campesinas con programaciones hechas para los campesinos. Casi todos contaban o cuentan con un programa de alfabetización y un programa de agricultura, de salud, de religión, de civismo…

Es decir, que estas emisoras tenían como finalidad hacer partícipe al grupo "marginado" de campesinos, de algo de cultura, integrarlos para que pudieran formar parte de la realidad nacional. Por otra parte al menos teóricamente, estas emisoras querían convertirse en "la voz de los sin voz", en defensores de los campesinos o de los grupos marginados.

Sin embargo, hoy la postura de la extensión cultural ha sido contestada. Ya no se puede pensar con este modelo: dos polos, uno de los cuales el que sabe, el que tiene en su poder los conocimientos, que se dirige al otro polo, el que no sabe, el de los marginados de la cultura, por medio del vehículo que esté en sus manos: la radio.

El problema se agrava si pensamos que muchas de estas emisoras culturales son de propiedad de religiosos extranjeros y los integrantes del polo de extensión, son también extranjeros. No se soluciona gran cosa con la incorporación de algunos elementos nacionales al grupo integrante del polo responsable de la extensión.

La influencia de una serie de pensadores latinoamericanos nos ha puesto en una perspectiva que nos lleva de la extensión cultural a la cultura como interiorización de la propia realidad. Ya no podemos pensar en hacer programas de alfabetización, programas de conocimientos agropecuarios, de consejos de salud o de hogar. El cierto que en muchas de estas instituciones han entrado en crisis los programas de alfabetización, como enseñanza de la lectura y escritura, pero se sigue pensando en la integración cultural, en ofrecer modelos y esquemas para la superación de la realidad marginada de los campesinos, con una mentalidad vertical.

Son nuevos moldes los que deben ser incorporados a este trabajo con los campesinos, de una forma real y práctica: respeto a la cultura, respeto a la democracia, tener en cuenta la psicología social, dar la posibilidad al pueblo para que diga su palabra, hay que pasar del trabajo de extensión cultural a considerar la cultura como interiorización de la propia realidad.

La labor de la radiodifusión en este sentido habrá dado un salto cualitativo en el lema de "tener presente al oyente". Ya no sería tenerle presente únicamente como oyente sino como persona o grupo de personas capaz de expresar su opinión, de manifestar una forma de vida.

Un primer paso para conseguir esto, es el no encerrarse en los estudios. Gran parte de las veces de difunden programas enlatados, importados, programas técnicamente muy bien utilizados, y con innegables valores culturales, pero que están fuera de la realidad del oyente. Ciertas agencias internacionales ofrecen estos programas gratuitamente, razón poderosa para que sean aceptados por estas pequeñas radioemisoras que no cuentan con presupuestos para el mantenimiento del trabajo.

El afán por manifestar la forma de vida del pueblo nos obliga como primer paso a salir de los estudios, ir la calle, hacer programas en vivo allá donde el pueblo está: fiestas populares, bailes, mítines o reuniones, manifestaciones públicas de todo tipo, espectáculos, actividades de trabajo, la vida del mercado…En resumen, que la radiodifusión sea la manifestación de la vida del pueblo, para que este pueblo se enfrente a su realidad. Los gastos no son tan grandes, una grabadora puede ser suficiente.

Otra forma de dedicar espacios diarios de programación a organización de base: sindicatos, clubes, asociaciones, grupos de jóvenes…No se trata en este caso de hacer programas para ellos, sino darles la posibilidad de que digan su palabra. Se necesitaría de un coordinador, de una persona que promueva el programa, sin manipularlo.

## UNA EXPERIENCIA

Un intento para llevar a la práctica los presupuestos ideológicos precedentes, fue realizado en una pequeña emisora para campesinos, instalada en el oriente boliviano.

La emisora fue instalada por una institución de la Iglesia Católica y tenía como finalidad de ser uno de los medios para responder a la problemática socio-económica de la zona.

En líneas generales, esta problemática se resume en la existencia de la zona, de una sociedad doble:

1.  Una élite de ganaderos y comerciantes. Este grupo tiene el poder económico, el poder cultural y el poder político. Posen las tierras, son los pertenecientes a la "civilización" y ocupan los puestos de funcionarios, autoridades civiles y policiales, de servicios bancarios, médicos, asistencia agrícola y educacional.

2.  Un sector mayoritario de pequeños campesinos ocupados en una agricultura elemental o como peones de las estancias. Tiene un bajo nivel de vida, faltos de servicios, desorganizados y sin visión de conjunto. Sus organizaciones son inoperantes y folkloristas, los sindicatos campesinos son manejados políticamente y las cooperativas agrícolas no tiene aún poder de decisión. Una pequeña parte de este grupo forma una incipiente población obrera, en la industria de la construcción y en la carpintería.

Otro factor que aumenta la situación de desventaja de este sector de la población, es su dispersión geográfica, lo que aumenta la falta de comunicación, mientras que el primer sector vive generalmente concentrado en el pueblo.

La emisora, fue establecida como emisora cultural. Tenía un programa específico para campesinos de una hora diaria; los contenidos de este programa eran: alfabetización, cálculo, religión, conocimientos agropecuarios y de salud.

El resto de la programación, se llenaba con información, música y programas "culturales".

El fracaso del programa para adultos, debido particularmente a la falta de interés por parte de los destinatarios, llevó a una visión del trabajo y al planeamiento de un nuevo programa que pretendía hacer en la radiodifusión el salto cualitativo de hacer programas para los campesinos a posibilitar que los propios campesinos pronunciasen su palabra, pasar de la perspectiva de la extensión cultural a la de una cultura como interiorización de la propia realidad.

Para ello, se propuso cambiar en primer lugar el programa de adultos, aunque no era más que un primer paso en el proyecto.

El programa, que era un desafío tanto para los responsables de la emisora como para los campesinos, fue lanzado con el nombre de Promoción Popular. La única idea que se tenía del programa era que debía ser hecho a base de los aportes de los campesinos. Promoción Popular significaba reflexionar sobre la propia realidad y buscar los medios para combatirla. La Promoción Popular no la hacían los radialistas; eran los propios campesinos quienes debían hacerla. Por otra parte en este trabajo nos e partía de cero. El programa se apoyaba en una estructura organizativa de base existente aunque se reconocía precaria: sindicatos, cooperativas, escuelas rurales, centros de educación de adultos…

La dinámica de trabajo se desarrolló en la siguiente forma:

    1. Propaganda a base de slogans por la radio, carteles, conversaciones personales para promover la organización de grupos de reflexión

de la comunidad. Estos slogans se tenían presente a los maestros rurales, a las autoridades, a los directivos de sindicatos y cooperativistas y a todos los pobladores que deseaban el progreso de su comunidad.

2. Programas más formales invitando a los pobladores a reflexionar sobre sus problemas y a buscar el modo de solucionarlos. La radio se ofrecía como intermediario para la difusión de esta reflexión y de las opciones tomadas.

3. Al recibir una comunicación, carta o visita se difundía la carta o la entrevista grabada, invitando a un diálogo.

4. Este programa que era un conjunto de problemas planteados por los mismos comuneros, con opciones para la solución de estos problemas, hechos por ellos mismos, era escuchado por diversos centros organizados.

5. Los promotores del programa visitaban diariamente varias comunidades y recogían las comunicaciones, cartas o entrevistas, o las declaraciones grabadas, que deseaban hacer, acerca del programa escuchado o sobre la reflexión acerca de su propia realidad. Estas comunicaciones no eran hechas únicamente por los "voceros responsables" de la comunidad.

6. Todo este material diario era la base de nuevos programas.

A modo de ilustración puede ser tomado uno de los primeros casos presentados.
Delegados de una comunidad campesina se presentaron a la oficina de la radio para dar a conocer la existencia de una gripe.

Fueron grabadas sus palabras sobre la descripción de la enfermedad así como las medidas que pensaban tomar: fue también grabada su conversación con el director del Centro de Salud, así como las recomendaciones del doctor, entre las que había la proposición de capacitar, durante un mes, a una joven de curas de urgencia. Todo ello fue transmitido en el programa; en el transcurso de la semana llegaron varias cartas de comunidades sobre el asunto; por su parte los promotores recogieron declaraciones sobre el problema.

En ellas se pedía que el médico visitase con más frecuencia las comunidades; se aceptaba como buena y se pedían más explicaciones sobre la capacitación de la joven; se pedía que se proporcionasen medicinas, algunas comunidades daban cuenta de las medidas tomadas para preservar su agua potable y hasta se recibió una lista de remedios caseros para la enfermedad cuyos síntomas habían sido descritos.

Al final de dos semanas en las que este problema estuvo presente en el programa, varias comunidades han propuesto su "enfermera"; otras han determinado formar su botiquín cooperativo con las medicinas de urgencia, el médico ha tenido que dar a conocer a través del programa un rol de visitas.

Como esta situación al cabo de dos meses de trabajo, habían sido abordadas otras: construcción de centros de compra-venta de productos en diversas localidades núcleo, construcción de pozos de agua potable, construcción de represas de agua para el ganado y otros trabajos comunales, alfabetización voluntaria entre los miembros de la comunidad, cambio de varias autoridades locales.

**EQUIPO RESPONSABLE**

El equipo responsable del programa estaba formado por 9 personas subdivididas a su vez en dos grupos:

- equipo realizador: un técnico de grabación, un productor animador y un director del programa.
- equipo promotor: formado por 6 personas (4 hombres y 2 mujeres).

El ritmo del trabajo era el siguiente: se escuchaba el material proporcionado por el equipo promotor y se organizaba para producir uno o varios programas que eran difundidos dos veces por día.

**EVALUACION**

Es difícil hacer una evaluación tanto cuantitativa como cualitativa de los meses de trabajo (3 meses y medio). No obstante, podemos establecer lo siguiente:

1. Los campesinos por sí mismos examinan y discuten su realidad, llegando a establecer una serie de problemas vistos por ellos mismos sin que agentes externos se lo hagan ver, pero la acción de estos agentes (maestros rurales) es importante en algunos casos, no en todos.

2. La toma de opciones para la solución de estos problemas también es realizada por ellos mismos, dándose de esta forma el primer paso para evitar el paternalismo y dirigismo.

3. Comienzan a surgir otras líderes que las autoridades establecidas, produciéndose en algunos lugares una crisis que se resuelve con la exigencia de cambio de autoridades.

4. Surge un espíritu de colaboración mutua que se manifiesta en los trabajos comunales (pozo de agua potable, represa, caminos, postas sanitarias).

5. Se establece una comunicación horizontal entre el campesino de la región al adquirir conciencia de que los problemas son comunes y las soluciones han de ser buscadas en conjunto. Por ejemplo, los centros de compra y venta para evitar los intermediarios.

6. Se dan cuenta de su poder como grupo social y que las autoridades y funcionarios públicos están a su servicio. Por ejemplo, la exigencia al médico para que les visite.


## UNA PERSPECTIVA PARA EL FUTURO

Este programa para adultos era el primer paso de proyecto. Las perspectivas para el futuro se resumen en esta frase: "Una radio de los campesinos, para los campesinos y por los campesinos".

Existían en la región tres centrales de cooperativas agropecuarias. Había que buscar la forma para que el control tanto económico como de las decisiones fuese ejercido por estas centrales o por una futura federación regional. De este modo la emisora de radio sería de los campesinos. A excepción del nuevo programa para adultos, al planificar y realizar la programación se tenía en cuenta no al sector campesino y al incipientemente obrero sino a la élite de granaderos y comerciantes.

Era lógico ya que el grupo de productores y trabajadores de la radio pertenecía a este último sector; quienes tenían más tiempo y posibilidades para escuchar la radio eran los comerciantes y los ganaderos, cuando se hacían sondeos de opinión ellos eran los encuestados y a lo más algunos profesores rurales; por otra parte, en los responsables de la radio había la idea de que el trabajo con campesinos adultos eran únicamente una actividad de alfabetización y enseñanza. La nueva perspectiva, en cambio era pensar en una programación (música, radionovelas, etc.) para los campesinos, más que para la élite dominante.

Y esta programación debía ser realizada pensando que fuera una manifestación de la vida de los campesinos: sus fiestas, sus actividades, sus problemas…Una programación en gran parte realizada por ellos; no en el sentido de que algunos campesinos, los más adelantados, se sentaran en un escritorio a producir programas sino en el sentido de que fueran ellos los protagonistas de la programación. Se cambiaba la perspectiva: de receptores de una programación preparada para ellos, a protagonistas de esta programación.

# EPILOGO

## *Comunicación Horizontal: Gerace y Hernando*

*Desde la preparación de estos trabajos, como es normal, ha habido mucho progreso en nuestra teoría y práctica de lo comunicado.*

*A estas alturas nos damos cuenta de algunas lagunas. No obstante, nos parece que hay valor en compartir nuestras ideas con otras, precisamente para tener la oportunidad de completar la visión que hemos bosquejado.*

*Nuestra reflexión ha suscitado críticas que podrían dividirse en dos grandes bloques: Hay algunos que discrepan vehementemente con nuestro análisis de los medios masivos y de la dominación que postulamos que existe en estos medios. Hay otro que están de acuerdo con nuestro análisis, pero consideran que nuestra confianza en el pueblo es utópica, ingenua y espontaneista.*

*Nos comprometemos a ahondar nuestra investigación sobre el tema de la propaganda como nos piden los del segundo grupo. Ahora vemos los grandes rasgos de una apreciación más cabal del fenómeno.*

*Notamos que lo que no es deseable en sí, la propaganda (o sea, un mensaje rígidamente estructurado y codificado) tiene que contemplarse en el contexto del bombardeo de mensajes destinados a la alienación y mistificación popular. Es decir, en un contexto de lucha de ideologías nos parece que hay lugar para la contra-propaganda.*

*En cuanto a las críticas del primer grupo, pareciera que no puede haber diálogo fructífero con aquellos que expresan indignación frente a nuestra aseveración que los medios*

111

*existentes son instrumentos de dominación. Estos criterios insisten en mayor tecnificación como la solución para la educación popular. Nos acusan de demagogos y acomplejados cuando mencionamos el imperialismo. Estos mismos señores expresan mucho temor frene al posible "rebasamiento de las masas".*

*Es evidente que su posición es una, de solidaridad con el opresor.*

*Puede que exista consciente complicidad o cuando menos internalización de la ideología elitista y antipopular, pero el resultado es igual rechazo de las bases de nuestro llamado a la comunicación participada.*

*Es muy grato poder decir que nuestros contactos con educadores, comunicadores y representantes de base han fomentado mucho diálogo e intercambio de ideas y experiencias. Se han lanzado varios proyectos de comunicación horizontal. Sólo era necesario indicar el sendero a los compañeros sinceramente comprometidos con el pueblo.*

*Sin embargo, es necesario aclarar que el capítulo correspondiente al uso de diapositivas es el fruto del trabajo de base. Nosotros sólo le dimos cierta redacción al incluirlo en el libro. La experiencia inicial no se debió nada a nuestra orientación. Es prueba clara de la fuerza creativa de obrero cuando aprende a expresar su palabra sin intermediarios. Además, es necesario decir que continúa el proyecto y que ha superado la visión limitada presentada en esta obra.*

*Habrá sido evidente a los lectores que el capítulo sobre el "cerebro comunitario" es un mero bosquejo. No es un proyecto acabado y realizado. Se ha llevado a práctica en*

112

*mayor o menor grado, pero su finalidad en el libro no es de aparecer como receta, sino de inspirar a nuestros lectores para experimentar más, según las líneas trazadas.*

*El proyecto de radio descrito en libro, data de una época anterior a nuestro desbloqueo ideológico. Sin embargo, lo incluimos, a pesar de ciertas notas paternalistas, para indicar el proceso escalonado en el que el pueblo va apropiándose cada vez más del poder de comunicación.*

*Además, debemos indicar que el uso de videotape en forma dialógica ha alcanzado una madurez mayor a la expresada en el capítulo correspondiente. Se ha realizado una experiencia posterior dentro de un organismo y canal estatal que ha servicio valiosamente para romper algunos moldes tradicionales de a teleducación. Un informe completo de esta última experiencia está en preparación para otra publicación.*

*Esperamos continuar recopilando y comentando estas experiencias en futuros trabajos. Esperamos que este libro sirva para fomentar mayor comunicación entre la intelectualidad revolucionaria para que pronto desaparezcamos como clase privilegiada y dueña de nuestras teorías novedosas. Nuestra meta es clara: tiene que ser el proletariado que detenta el control de la comunicación, sin filtros, sin intérpretes, y sin "porteros"*

*Lima, 1 enero 1973*

113

# La Comunicación Horizontal a la vuelta de treinta años. Frank Gerace

Documento de trabajo del encuentro auspiciado por el
Movimiento Los Sin Techo
*"El Derecho de los Pobres a la Comunicación"*
Santa Fe, Argentina, mayo 17-18, 2005

## Memoria de la concepción de "Comunicación Horizontal"

La reflexión sobre la comunicación social en la década de los 70 utilizaba los motes: comunicación participativa, comunicación participatoria, comunicación democrática, etc. Fidencio Hernando Lázaro y yo preferimos el término "horizontal" en nuestro libro, *Comunicación Horizontal: Cambio de Estructuras y Mobilización Social* (Studium, Lima, 1973).

Me han pedido que cuente cómo y cuándo nació esta visión de la Comunicación que ha calado tan hondo en América Latina y en el mundo (Barranquero, *Revolución Comunicacional*). Yo escribo la presente memoria sin el aporte de Fidencio quien falleció mientras continuaba su labor de comunicador el ambiente indígena de la Chiquitanía del Oriente Boliviano.

Nosotros nos encontramos en Lima en 1971 después del golpe del dictador Bánzer Suárez en Bolivia. Los dos habíamos trabajado en radio popular en Bolivia. Habíamos visto como respondieron los campesinos del Oriente Boliviano (yo en Montero y Fidencio en San Ignacio de Velasco) cuando se les daba la oportunidad de comentar sobre su vida. Todos arriesgaron y algunos perdieron su vida rompiendo el silencio que los separaba de sus hermanos.

Llegamos a Lima marcados por las experiencias vividas. Muy pronto encontramos la forma de continuar granjeando experiencias y enriqueciendo nuestra reflexión en el Perú del gobierno de Velasco Alvarado. Tuvimos la suerte de trabajar en el equipo del preclaro educador peruano Salazar Bondy. Exilados de Argentina, Brasil, Uruguay y Bolivia trabajamos con los compañeros peruanos en esos días excepcionales llenos de energía, creatividad y entusiasmo.

Era el Perú de la Reforma Educativa, de la Alfabetización Integral (ALFIN), de SINAMOS (Sistema Nacional de Movilización Social), de la autogestión, de los reclamos en UNESCO para un nuevo orden de información y comunicación. . Aunque no todas estas iniciativas llegaron a feliz fin, el ambiente hervía con discusiones sobre la manifestación de democracia popular en todas sus formas.

Escuchamos noticias de los Talleres Populares de Chile, los periódicos murales de China, los samizdat de la URSS. Tuvimos la oportunidad de plasmar en nuestras propias experiencias prácticas las ideas de las tertulias de la "intelectualidad joven" de Lima. Se replicaron estas experiencias y otras nuevas en los barrios y pueblos jóvenes de Lima con video, con cámaras fotográficas baratas, y con otros medios "apropiados".

Así fue el ambiente en que nació el libro "Comunicación Horizontal: Cambio de Estructuras y Movilización Social". Me acuerdo que lo que yo escribí saltaba de mi lápiz a las hojas de papel madera que usaba en esa época pre-computadora. Todas nuestras experiencias al lado de los heroicos defensores de la Asamblea Popular de Bolivia, toda la frustración de ver esfumarse la visión de todo un pueblo, todo generó y maduró el concepto de la comunicación horizontal. El libro no fue escrito, se escribió. Sin querer ofender la sensibilidad religiosa de ningún lector, diría que pasó algo parecido a la creación de los textos sagrados hebreas, islámicas, o cristianas. Las ideas motoras de la época en que vivimos llegaron al papel de por sí, como si no tuviera yo nada que ver con el proceso.

## El Ambiente y el Contexto en que nació el Libro

Dicen que nuestro libro fue seminal, que fue una obra precursora... Es una gran satisfacción recibir tal reconocimiento. Lo acepto con alegría, con agradecimiento, recordando al compañero Fidencio. Si nos tocó a nosotros estar entre los primeros en juntar unas ideas sueltas sobre cómo debía ser la comunicación en nuestra utopía latinoamericana, si nos tocó ponerle un nombre, nuestra experiencia no fue única ni excepcional.

Bajo cualquier nombre, nuestra visión de la comunicación social sufrió la influencia de tres factores: la teoría clásica norteamericana, el marxismo, la represión política.

### La teoría clásica norteamericana
El punto de partida (en los años 50 a 70) para el análisis de la comunicación social eran las contribuciones de los norteamericanos Schramm, Rogers, Pye etc. El conjunto de sus ideas ha recibido el nombre descriptivo de Comunicación Modernizadora. Los únicos libros sobre temas de la comunicación social disponibles en castellano eran las traducciones de sus obras. No hay duda que estos autores contribuyeron a la reflexión sobre la comunicación en el llamado "tercer mundo". No obstante,

simultáneamente con la aceptación del marco teórico norteamericano por muchos, nació una crítica y rechazo de sus bases de parte de muchos otros (una crítica enfocada nítidamente por Luis Ramiro Beltrán.

El rechazo del paradigma reinante por muchos comunicadores latinoamericanos de los años 70 no sólo fue el rechazo del concepto de la modernización y del papel atribuido a la comunicación en el logro del "desarrollo". La reacción contra el enfoque de la comunicación como <u>causa</u> de la "modernización" y del "desarrollo" surgió necesariamente de una creciente puesta en duda del valor de los propios <u>efectos</u> buscados. Un investigador moderno concluye que "la perspectiva teórica y metodológica resultaba ser limitada, esencialista, etnocéntrica e interesada." (Barranquero, *Sendas Viables, p. 14*)

### El marxismo
El rechazo del concepto de la comunicación como la supuesta motora de la modernización capitalista se fundó más en lo cultural y lo socioeconómico que en lo ideológico. Sin embargo, la influencia del Marxismo flotaba en el ambiente. ` Muchos comunicadores de base, tanto los inclinados a la teoría como los activistas manejaban ideas revolucionarias inspiradas en gran parte por la gesta Cubana. Algunos eran miembros de partidos leninistas.

Muchos otros usaban el marxismo como marco teórico para su análisis de la sociedad. Entre estos últimos se contaron los educadores y alfabetizadores que empleaban el método Psico-Social de Paulo Freire, y los católicos que enfocaron su compromiso con el mundo en la Teología de la Liberación

### La represión política

El ambiente en el cual se movieron los comunicadores de los 70 fue uno marcado por los regímenes represivos en la mayoría de los países latinoamericanos. Por consiguiente, las condiciones de la clandestinidad y la censura marcaron la naturaleza de la comunicación social en muchos países latinoamericanos. El ambiente era propicio para desarrollar una teoría de la comunicación menos masiva. Algunos, como nosotros en el Perú, tuvieron una tregua que permitió tener el lujo del tiempo y la seguridad para poder escribir. Pero sea en la clandestinidad o en el exilio, nació y cundió la nueva creación intelectual latinoamericana, la comunicación popular participatoria.

## Puntos claves de la Crítica de la Visión Académica Norteamericana

Nosotros, juntos a muchos otros de la generación de comunicadores latinoamericanos de los 70 basamos en los siguientes puntos nuestra crítica de la teoría y práctica de la comunicación de la época:

- El resentimiento generalizado de la arbitrariedad en el uso del poder. Ya no se aceptaba la imposición desde arriba de una visión del mundo. Se rechazó la **verticalidad** en la comunicación.

- El reconocimiento de la **influencia creciente de los medios masivos** de comunicación. Creció un malestar con la imposición de culturas y visiones económicas ajenas.

Hubo una reacción doble: tanto contra los valores culturales (familiares, vecinales, políticos, religiosos etc.) como contra el consumo desenfrenado apadrinado por la televisión importada. *La Ideología Alemana* prestó un claro marco teórico sobre la ubicuidad y fuerza de la ideología impuesta por la clase dominante.

• El deseo de valorar la centralidad de la **persona** misma en su propia educación.

• La idea sentida de la **lucha de clases** influyó fuertemente en la insistencia de la auto representación. Este hilo, obviamente contribución del marxismo, del ideario de los 70 es la otra cara de la medalla del rechazo de la verticalidad.

• Una creciente familiaridad con las emergentes **tecnologías** de la comunicación. Un deseo de usar sus propias armas contra el enemigo.

• El deseo de descubrir **tecnologías artesanales** de la comunicación. Este afán se debía algo a la imposibilidad sentida de comprar los equipos caros, y otro tanto al deseo de mostrar que no todo tenía que venir de la metrópoli.

## Efectos de la Crítica de los 70

Después de los años de la represión, vino la "democratización" de la región, y luego la crisis económica. Nuestras teorías y prácticas hicieron poco para impedir estos cambios. Después de todo, no se pudo frenar la represión. No se cambió la sociedad. Las razones por el "fracaso" son las mismas de siempre: fallas teóricas, fallas programáticas, y fallas políticas. Veamos estos tres puntos.

*Lo teórico*: Hasta hoy, creo que de teoría andábamos bien. Talvez dimos demasiada importancia a lo artesanal.

*Lo programático:* Similarmente, aprendimos que el entusiasmo no pudo mantener a flote los proyectos piloto llevados sin una adecuada administración o plan de financiación sostenible.

Pero, la explicación principal por que la comunicación horizontal no cumpliera con su promesa ha sido las "fallas" *políticas*. La comunicación social democrática tuvo la "falla" de no engranar bien al sistema antidemocrático de la década. Dar la palabra al pueblo, ayudarlo a hacerle lance a la imposición de la voluntad de los poderosos, resistir la colonización ideológica -- todo estos planteos fueron tildados de inapropiados, irrealistas, peligrosos, y el acabose - comunistas.

## La Situación Actual de la Ideas Esbozadas en el libro "Comunicación Horizontal"

### Teoría

Siguen válidos los principios teóricos que nos motivaron hace treinta años.

Una diferencia notoria entre las dos épocas es que la visión marxista ya no es la influencia principal sobre la visión de la comunicación. Hoy día la comunicación participativa recibe aportes de muchos lados. Se enriquece de nuevos enfoques teóricos de la sociedad y de nuevas experiencias. Toda una generación de jóvenes ha entrado a la faena con su entusiasmo, esfuerzo y conocimientos técnicos. Aunque los nuevos aliados ya no comparten una sola ideología, tienen varios rasgos en común. Aceptan la gama de causas anunciadas en el World Social Forum: (Carta de Principios)

120

- oposición al neoliberalismo y al dominio del mundo por el capital o por cualquier forma de imperialismo
- una relación fecunda entre los seres humanos y de estos con la Tierra y el medio ambiente
- un proceso permanente de búsqueda y construcción de alternativas a la globalización comandada por las grandes corporaciones multinacionales
- la justicia social, la igualdad, y la soberanía de los pueblos, la pluralidad y la diversidad
- oposición a toda visión totalitaria y reduccionista de la economía, del desarrollo y de la historia
- rechazo a la violencia y todas las formas de dominación o de sumisión de un ser humano a otro.
- resistencia a la globalización capitalista, con sus dimensiones racistas, sexistas y destructivas del medio ambiente
- la ciudadanía planetaria,

Obviamente son temas generales y poco precisos. No obstante, concuerdan perfectamente con las bases de la comunicación asentadas hace treinta años. Los nuevos aliados de los comunicadores populares ofrecen más que lo que ofrecían los teóricos de antaño. Dominan varias herramientas concretas que pueden servir a la moderna comunicación horizontal.

### Práctica
No es posible hacer recomendaciones sobre lo que debe emplear un grupo dado. Todos tendrán que escoger los medios apropiados a su coyuntura específica. Todos los medios accesibles de la comunicación seguirán siendo importantes para la comunicación horizontal de nuestros

días. Por ejemplo, sigue vigente el valor del uso de fotos y video para la descodificación de su realidad por los pobladores de una zona. Tales herramientas de "dar la palabra" al pueblo nunca pasan de moda.

La tecnología de la radio y TV de baja potencia (con o sin licencia del estado) se ha abaratado tanto que algunas agrupaciones populares incluyen estos medios entre los mecanismos portavoces de sus miembros. Sin embargo, como ya señalamos en otra época, hay que estar vigilantes que no nazca un grupo de personas encargadas que filtran y hasta censuran los aportes de las bases. La ventaja de las nuevas tecnologías de las mini-emisoras locales de radio y de TV es la posibilidad del uso participado y compartido. Sin embargo, persiste el peligro de que sean "fuentes" y "emisoras" uni-direccionales.

Pero hay nuevas herramientas. Esto es un corolario del hecho que hoy en día el marco teórico que nutre la comunicación se ha rebasado al marxismo. Los nuevos aliados son un surtido de grupos y de individuos anti-globalistas y hasta anarquistas y "punk" que desarrollan métodos y herramientas de facilitar el flujo de la comunicación. Los comunicadores y organizadores de ahora experimentan con el Internet como medio de lograr sus cometidos de democratización de la información. Nacen nuevas experiencias de la auto producción y divulgación de las noticias, y de la auto publicación de los saberes. Al mismo tiempo, actualizan la visión y la práctica de los proyectos de radio y TV de baja potencia, etc.

Con todo, no debemos idealizar las posibilidades para la comunicación popular de la nueva tecnología. La sociedad mundial tendrá que rellenar la "brecha digital". El internet tiene potencial horizontal, pero las grandes mayorías no tienen acceso al Internet, y mucho peor a la cultura y destrezas que exige.

Los comunicadores de hoy tienen que luchar por la misma democratización y libertad cultural de los nuevos medios que buscaron los de proponentes del Nuevo Orden de la Información durante los 70. Pero tienen que luchar aún más que sus antecesores porque las fuerzas que prevalecieron en nuestra contra antes son hasta más fuertes hoy día.

Termino esta reflexión con las mismas palabras encontradas en el prefacio del libro en 1973:

*... la capacidad humana fundamental es la capacidad de auto expresión creadora, la necesidad del libre control de la propia vida y del pensamiento en todos sus aspectos. Una proyección particularmente importante de esta facultad es la utilización creadora del lenguaje en cuanto libre instrumento de pensamiento y expresión. Pues bien, al tener esta idea acerca de la naturaleza y de las necesidades humanas, uno se siente inclinado a pensar sobre las formas de organización social que permitan el desarrollo más libre y completo del individuo.* **Noam Chomsky, Sobre Política y Lingüística, pp. 27 y 28, Anagrama Barcelona, 1971**

## Notas:

Alejandro Barranquero, L*a Revolución Comunicacional en Curso. Latinoamérica en el cambio de Paradigma de la Comunicación para el Cambio Social.* Presentado en el III Seminario Internacional Latinoamericano de Investigación en Comunicación. 12-14 mayo, 2005. Universidade de Sao Paulo, SP, Brasil.

Alejandro Barranquero, María Eugenia González Cortés, *Comunicación, Democracia, y Cambio Social. Sendas Viables y Alternativas Informacionales en el Nuevo Escenario Digital.* Policopiado

Luis Ramiro Beltrán, *Comunicación para el desarrollo en Latinoamérica; Una evaluación sucinta al cabo de cuarenta años.* Instituto Para América Latina (IPAL), Lima, Perú, 1993. Publicado en el Boletín del Internet "La Iniciativa de Comunicación" accesible en:
http://www.commiinit.com/la/pensamientoestrategico/lasth/lasid-754.html

Carta de Principios del Foro Social Mundial El Comité de entidades brasileñas que organizó el primer Foro Social Mundial, Porto Alegre del 25 al 30 de Enero 2001
http://www.forumsocialmundial.org.br/main.php?id_menu=4&cd_language=4

Frank Gerace, *Comunicación Horizontal: Cambios de Estructuras y Movilización Social,* Librería Studium, Lima, 1973

# Repaso en 2005

Entrevista en la clausura de las Jornadas sobre el Derecho de los Pobres a la Información y la Educación auspiciadas por el Movimiento de los Sin Techo en Santa Fe, Argentina, mayo del 2005.

*El entrevistador fue un organizador y participante del evento, el Profesor Daniel Prieto Castillo, Profesor en materias de educación y comunicación de la Universidad Nacional de Cuyo, Mendoza, Argentina*

## Entrevista a Frank Gerace

**Daniel Prieto Castillo:** Ahora hablaremos con Frank Gerace, un querido amigo que nos acompañó en el impulso inicial de la década del '60 en lo que se denominaba y se denomina Comunicación Alternativa. Frank, bienvenido. En un momento determinado te asomaste y trabajaste por estos lados del mundo, publicando un libro en Lima por 1975, en el que planteaste las tesis más directas y claras sobre la comunicación horizontal y participativa. Cuéntanos de aquellos años.

**Frank Gerace:** He tenido que recordar esos años mucho durante estos días. Diría que todo nació de mi experiencia en Bolivia, cuando trabajé en los años 60 colaborando en

125

una obra de la iglesia en la parte tropical de ese país, con un pequeño proyecto de escuelas radiofónicas. Trabajamos con el campesinado; un campesinado disperso, alejado, que vivía en condiciones de verdadera opresión. No era una represión directa que le llegara a ellos; más bien estaban tan olvidados que ni se los tomaba en cuenta, pero era su situación la que los oprimía. Hicimos un trabajo de alfabetización y de promoción rural que me hizo pensar, vivir, y sentir muchas cosas.

Fueron momentos muy lindos de la vida, por las amistades y las vivencias. Y pasaron cosas tristes también porque en algunos casos varios de nuestros colaboradores campesinos y pobladores, sufrieron precisamente por haberse "despertado". Es una carga de responsabilidad muy grande que siempre sentimos. Luis Ramiro se acordaba más temprano de esto mismo, de haber causado mucho sufrimiento en la vida de la gente que nos creía, que nos seguía, y en quienes habíamos despertado un sentido de dignidad propia, pero sin haber podido darles las armas físicas e intelectuales para defenderse mejor.

Un poco por esos trabajos en el campo, cuando vino el golpe de Bánzer en el '71 tuve que salir del país; y fui a trabajar a Perú. Allí trabajé junto con Fidencio Hernando Lázaro, también exilado de Bolivia por su trabajo con el campesinado en la zona de la Chiquitanía en el departamento de Santa Cruz. Trabajamos con el INTE, El

126

Instituto de Teleducación del Ministerio de Educación, donde incentivamos a los pobladores de los Pueblos Jóvenes que documentaron sus realidad con videos, diapositivas, fotomurales, teatro y otros medios sencillos. Después pasamos a trabajar con el plan nacional de alfabetización, ALFIN, Alfabetización Integral. Como parte del equipo central del proyecto, entrenamos a los promotores del proyecto en estrategias de comunicación menos vertical.

En Lima se juntaron varios hilos de experiencia y reflexión que se plasmaron en el libro *"Comunicación Horizontal: Cambio de Estructuras y Movilización Social"*. Siempre digo que no escribí ese libro; se me escribió. Convergieron en ese momento las influencias de Paulo Freire en relación a su idea de la pedagogía del oprimido, el concepto marxista de la superestructura, unas ideas rudimentarias de la semiología que circulaban en nuestro ambiente intelectual, los trabajos de Eliseo Verón, y la reflexión de Armand Mattelart sobre la carga ideológica en los símbolos. El relacionar esos hilos y explicitar esa convergencia sería lo que hizo tanto impacto entre muchos comunicadores latinoamericanos.

El libro salió a borbotones mientras escribía con lápiz en rollos de papel madera de envolver paquetes. Pude ver y expresar que teníamos que saber "Leer a Pato Donald", o sea darnos cuenta que los medios masivos corporativos, hasta las inocentes historietas, eran parte integrante de la superestructura ideológica que sustentaba y apuntalaba el sistema detrás de las dictaduras de turno. De ahí saltó a la vista que la comunicación masiva era la misma cosa que la "educación bancaria" que describió Freire. De repente pude ver más allá del modelo de la comunicación que leíamos en las traducciones de las obras norteamericanas: "emisor, canal, receptor". Luego se me hizo fácil desentrañar la carga semántica de las palabras "emisor", "fuente", "receptor" y relacionar su unidireccionalidad con la de los medios masivos y de la educación bancaria. Ya veíamos que todo era instrumento al servicio de los de arriba que mandaban sus mensajes y lanzaban sus dictámenes verticalmente. Al resonar la palabra "vertical" en mi mente, busqué una forma de expresar el rechazo de todo el aparato ideológico que sentimos. Se me ocurrió la palabra "horizontal". Y así encontró su lugar la piedra angular del edificio conceptual y se lanzó el título: La Comunicación Horizontal.

**D.P.C.:** En aquel tiempo había hipótesis de trabajo, convicciones que todavía están hoy, porque el argumento de la falta de información, la falta de comunicación, la negación de la palabra, tenía sentido entonces y hoy en que, como decía Alfonso Gumucio, las dos terceras partes de la humanidad están en la pobreza.

**F.G.:** Claro, y estando en contacto con las madres de las barriadas de aquí de Santa Fe, era fácil darnos cuenta de que sigue teniendo sentido su interés y su deseo por poder expresar su palabra, por el hecho de que hasta la fecha es difícil que expresen su palabra. Por un lado porque no han llegado a sentir esa necesidad personal de reclamar, y por otro por la falta de educación para la libertad de parte de las instituciones públicas y privadas que los atienden paternalistamente. Estas instituciones deben desvelarse buscando mecanismos, proyectos, experiencias, y estructuras para que la gente pueda tomar la batuta. Siempre recrudece esta necesidad de criticar el asistencialismo, y esto no es criticar a ninguna institución en particular; sino parece parte de la condición humana: poco a poco todo se jerarquiza y se endurece y los de abajo pierden su poder de comunicación. Pero sabemos que *guagua que no llora no mama*, es decir, si la gente no participa, y no se expresa, cada vez tendrán menos y podrán menos. Las mujeres de Santa Fe me han hecho revivir la emoción de antes y la misma convicción que nosotros los comunicadores tenemos que luchar para que el pobre tenga el derecho de comunicar.

**D.P.C.:** Este encuentro es una búsqueda, precisamente, de alternativas, para ofrecer más recursos de reflexión y participación, desde lo que podemos aportar nosotros. Volvamos al derecho de los pobres a la información y la educación; ese derecho está frustrado, negado en aquella década del '70, y continúa negado en la actualidad. ¿Cuál es tu mirada a escala planetaria, con respecto a este derecho? Sé que es una pregunta demasiado amplia, pero lo que está en juego acá es todo un sistema que en los treinta años que van de los '60 a ahora, se fue consolidando en la propuesta de la globalización, la irrupción de los medios como los conocemos ahora, la enorme capacidad de inyectar información de cuño norteamericano a escala planetaria. ¿Cómo ves esta totalidad tan compleja?

**F.G.:** Bueno, yo no quiero ser pesimista, pero es difícil evitarlo. La situación es grave, y viene de esas fuerzas tan potentes del imperialismo y de la globalización de la vida. En Estados Unidos, donde vivo, ya es una cosa muy seria: hay barriadas enteras, inmensas, donde la desocupación está en el cincuenta o setenta por ciento. Recién escuché una de esas expresiones lapidarias que calan muy hondo: dicen que el muchacho pobre en Estados Unidos, tiene que usar uniforme, porque las únicas carreras para él son la de soldado o la de preso.

Pero aún más preocupante es la facilidad con que los medios masivos determinan los tópicos y el contenido de la información que consume las grandes masas. Sucede lo mismo en las ciudades de América Latina, a donde la "democratización" no ha traído mayor consciencia histórica o política sino la pasividad, el consumo y la cirugía plástica. Más y más comienzo a dudar de mi "patente", la comunicación horizontal. Lo que pasa es que es el efecto de la superestructura, el juego de la ideología, el juego del convencimiento, como cuando Juan Díaz Bordenave hablaba de las favelas y dijo que mucha de la violencia se debe a la necesidad sentida de los pobladores de alcanzar ciertos símbolos de la clase media

**D.P.C.:** Tú mismo ayer jugabas con los términos en el sentido de aspiración, conspiración... Y creemos que nunca esa capacidad, esa espiritualidad se agota.

**F.G.:** Así es. No obstante el pesimismo que acabo de expresar, espero que no se trate solamente de unas ideas idealistas nuestras. Yo estoy convencido de eso, porque las ideas que nacieron en los años '60, eran el resultado de muchas influencias, era algo que pasaba en la humanidad y no sólo en América Latina. No sé qué dirán los historiadores de la cultura de aquí a cincuenta o cien años, donde recién catalogarán las épocas, pero creo que ese espíritu de libertad ha sido un momento en la humanidad, que luego se sofocó por una represión generalizada, y después –y esto es más grave- por el neoliberalismo, más grave porque ha llegado a ser un sistema legitimado, dado por supuesto, parte del paisaje. Como yo decía ayer, era más fácil fomentar la rebelión y la comunicación participativa frente a la represión, pero ahora es más difícil porque todos nosotros estamos un poco buscando la misma supervivencia económica, como los pobres. El pobre piensa dos veces antes de enfrentarse al patrón que puede despedirlo.

El caso del profesional es distinto pero parecido. No somos unos vendidos. No somos cobardes, pero la rutina que cumplimos nos narcotiza y comenzamos a sobrevaluar nuestra vida social, profesional y económica. El profesional se dedica a cumplir su oficio; se enfrasca en resolver problemas para logra el éxito de sus actividades. No piensa en los "daños colaterales" de su trabajo; se vuelve tecnócrata. Como decía un caricaturista hace muchos años, "nos hemos encontrado con el enemigo", hemos encarado al enemigo, y lo somos nosotros.

**D.P.C.:** Quería preguntarte sobre tu experiencia latinoamericana. ¿Puedes recordar una experiencia fuerte, paradigmática, en la que hayas participado? Quisiera que nos narres cómo fue, qué se puso en juego, qué se ganó, qué reflexiones tienes sobre eso.

**F.G.:** Bueno, una experiencia fue con la radio, en el norte de Santa Cruz, llegando al Amazonas, una zona muy tropical. En ese entonces, durante el gobierno progresista de Juan José Torres, había mucho interés en la alfabetización de parte del gobierno y también de parte del campesinado que apreciaba su importancia. No obstante la "vara alta" del interés del pueblo, resistimos la tentación de sólo "enseñar" las letras. Desde un comienzo buscamos lo alcanzable, un concepto que después llamaríamos lo artesanal. No instalamos emisora; trabajamos con una emisora ya existente en el pueblo. En todo tratamos de cambiar la imagen del bienhechor o de profesor. Parece que a partir de los años 60, diez años antes de la publicación del libro, ya operamos bajo la influencia de las ideas de Freire. Usamos locutores no profesionales, insistiendo que no cultivaran la voz pulida del locutor radial que enfatiza la aceptada "distancia" entre el que sabe y el que no sabe.

El elemento problematizador Freiriano más importante del proyecto no fue palabra o concepto sino una persona: Germán Vaca Terrazas. "Chicharrón" le decían, porque era tan moreno que los campesinos, expertos en poner apodos, le veían el color del chicharrón de paila, un plato de la zona. El color de su piel, su dicción, su sencillez tuvo mucho que ver con el éxito del programa. Un hombre de pueblo recto, honesto, representativo y comprometido logró que miles de campesinos escucharan la radio. Tal vez esto sea paradójico y hasta contradictorio por ser muy personalista, pero creo que es importante encontrar líderes naturales, un líder que pueda a su vez llegar a los demás.

También aprendí mucho viendo el gran trabajo de otros amigos. Yo trabajaba dentro del ámbito de la iglesia, una iglesia muy especial en ese entonces. Me acuerdo de un sacerdote franco-canadiense que después de "colgar la sotana" llegó a ser un gran político de su partido quebequense. El nos invitó a la despedida de un catequista a quien mandaba becado en plena Guerra Fría a la Universidad Patrice Lumumba de Moscú. En la despedida hubo una Misa concelebrada, y junto con los sacerdotes había un Yatiri, un chamán aymara, participando en iguales condiciones con los sacerdotes de la *Santa Iglesia Católica Romana*. Tú me hiciste recordar esos años. Es lo que se hacía en ese entonces, se encontraba el camino caminando, rompiendo moldes e inventando nuevas estrategias. Otra vez tengo que decir que parece que habíamos aprendido mucho de Freire. Trabajando en equipo, todo nos servía de conceptos problematizadores que incorporamos en nuestro trabajo; no dejamos de buscar formas de comunicarnos con el pueblo sin "enseñar" a la antigua. Recordando todo aquello hoy día, gracias a tu habilidad de sondear mi memoria, tengo que expresar un ferviente deseo: que los comunicadores de hoy inculquen ese mismo espíritu dentro de sus proyectos actuales de comunicación y educación popular.

**D.P.C.:** En ese ejemplo que acabas de dar está muy clara una bandera muy actual, que es el respeto por la diversidad cultural. Y creo que eso marcó también la forma de ver en la década del '70: dar pie a otras voces, a otras miradas, aquel texto que cierra a comienzos de los '80, "Un solo mundo voces múltiples".

**F.G.:** Y esperamos que ese mundo nuevo se vaya forjando entre la juventud consciente a través de los foros sociales y otros lugares de encuentro. Tengo muchas esperanzas en la juventud activista. Me parece que ese grupo de jóvenes, de "hippies", de mochileros, tiene gran importancia porque maneja esa tecnología que nosotros no manejamos; son ellos los que utilizan los foros abiertos, los blogs, las bitácoras, en Internet. Están ganando una experiencia que tal vez nos sirva en el futuro. Yo creo que también en la música moderna, dentro de la postura y la farsa y el narcisismo de muchos sectores de la juventud, hay una verdadera protesta, siempre ha habido poesía allí, y protesta.

**D.P.C.:** Y es gente con capacidad de escándalo moral. Esa es la base que uno aspira a reconocer, porque esa capacidad de alguna manera fue minada por esta cultura del consumo, de la globalización y de la supervivencia.

**F.G.:** Pero esa verdad no despeja del todo mi pesimismo. La mayoría de la juventud ya no lee. Está desapareciendo las ventas de libros pirateados en las aceras de las grandes ciudades latinoamericanas, no por respeto al derecho intelectuales, sino por falta de compradores. Prefieren ver televisión y mirar videos, no sólo en las ciudades. Se nos hace más difícil llegar a estos consumidores de la cultura que exigen los valores tecnológicos más sofisticados. Ni arriesgo una idea sobre posibles soluciones a este dilema.

Lo dejo a la misma juventud. Tengo fe que de entre ellos saldrán personas tocadas con la chispa de su común humanidad.

**D.P.C.:** Un tema que hemos estado tocando tiene que ver con lo que supone este mundo de las tecnologías. En algún momento hemos recibido oleadas tecnológicas con excusas o con argumentos o con verdaderas coartadas en relación a la democratización. En este país fueron vendidos a mansalva con un negocio multimillonario porque fue a escala planetaria, los llamados Centros Tecnológicos Comunitarios, que consistía en poner en los barrios dos o tres computadoras y a veces más, conectadas a Internet, y decirle a la gente acá tiene usted la maravilla para que se democratice, para que avance, y eso fue un fracaso total. Algunos funcionaron, cuando había un líder, como tú dices. Traigo esto a colación porque las tecnologías en sí mismas parece que no son la solución. Me gustaría dialogar sobre eso y volver a tu mirada en torno a estos jóvenes que están usando el material.

**F.G.:** Bueno, como tú sabes, yo insistía precisamente en lo artesanal, en temerle al gasto y a la presentación de intereses foráneos con estos equipos importados. Y pudimos hacerlo artesanal: radio, folletos, teatro popular, etc. Ayer Juan Díaz Bordenave nos dio otro ejemplo cuando habló de los "folhetos" unas poesías populares que en Brasil también se llaman "de cordel" porque se venden colgadas en unas cuerdas en los mercados y demás ferias.

Pero ahora no podemos hacer computadoras artesanales. Ahora tenemos que encontrar nuevas formas de utilizar las tecnologías nuevas. Acabo de subrayar la dificultad que nos presenta la tecnología sofisticada del signo veintiuno.

Sin embargo, la tecnología sofisticada de hoy nos trae ciertas ventajas. Un ejemplo, siempre era difícil tener una cámara o grabadora a la mano para documentar las condiciones de opresión, sean condiciones físicas de vida o abusos de patrones o de autoridades públicas. Ahora muchos tienen cámaras en sus teléfonos celulares. Ya tenemos miles de "fuentes", camarógrafos artesanales que publicarán sus "mensajes", documentos para los "receptores", sus grupos sindicales o vecinales, para autoridades competentes, o a través de "canales" como *YouTube*. Es interesante como la tecnología puede convertir el antiguo modelo verticalista de la comunicación en aplicaciones horizontales. Claro, hay que frenar nuestro entusiasmo un poco porque no queremos estar hablando de esa tecnología cuando estamos hablando de barriadas que no tienen acceso, etc. Pero yo creo que tendrán acceso muy pronto, como estoy seguro de que muchos pobres ya están cargando teléfonos celulares; eso entra por la necesidad misma, por la utilidad. Bueno, esos celulares pronto van a tener todas las posibilidades de comunicación. En este sentido creo que las universidades y los partidos políticos tienen que financiar investigaciones sobre la forma de aprovechar esa promesa horizontal, democratizadora de la Internet. No quiero ser idealista o romantizar la cosa, pero algo está encerrado ahí.

Y ¡no nos olvidemos de las tecnologías comprobadas! Estoy muy contento de saber que en algunas barriadas de Santa Fe ocupan la radio; eso todavía puede ser una cosa muy útil. Las experiencias con radio y TV local de *Comunicazione Aperta* de Italia son muy interesante. Están hablando de TV de baja potencia, en mil dólares la instalación; esa es una posibilidad de también, y no necesita formación de una clase técnica porque el manejo es muy fácil, es como una emisora común. No solucionará todo, pero en manos de grupos organizados puede funcionar. Hay tantas posibilidades tecnológicas que tenemos opciones: o comenzar con la convicción de la necesidad de la participación del pobre, para después ir en busca de la tecnología apropiada, o comenzar con la tecnología y enseñarle bien cómo emplearla.

**D.P.C.:** En lo que estás planteando hay caminos interesantes porque de repente ha habido la tendencia de decir que todo sale de ahí, de alguna manera y fue tu vivencia en la década de los '60 y '70, los intelectuales han tenido aportes que hacer. Sino tendríamos que pedirle a cada comunidad que descubra el fuego, con respecto a la tecnología. No hay necesidad de hacer un camino de kilómetros cuando se lo puede recorrer rápidamente en aspectos tecnológicos, no estoy hablando de contenidos, las decisiones de la comunidad que suponen precisamente que técnicos, gente formada en las universidades, apoyen estas experiencias.

**F.G.**: Cierto, pero yo quisiera que la gente formada en las universidades no sólo <u>apoye</u> los intentos de comunicación de los pobres, sino que se multipliquen formando técnicos adecuados a la tarea que su pueblo les encarga. Ya sufrimos la fuga de cerebros con el éxodo de miles de médicos latinoamericanos al norte. ¡Evitemos la fuga de cerebros técnicos que van, no al norte sino a las empresas comerciales de comunicación del medio! Tuvimos una experiencia muy interesante en Lima: la de las imágenes, las fotos hechas con cámaras desechables y el entrenamiento en la función de un laboratorio sencillo de revelado. Hoy hay cámaras digitales muy baratas. No se necesita tener la mejor, porque precisamente para la televisión no se aprovecha a los píxeles múltiples. Esa podría ser una forma de que los pobladores documenten su realidad para después pasarla en un noticiario local, o para publicar en periódicos murales. Sabes que tengo la impresión siempre de estar repitiendo las viejas recetas, pero es que creo que no hay novedades necesariamente. Las cosas de antes pueden servir: los folletos, los murales, el teatro popular. Yo mismo estoy con el cometido de ir a buscar a Augusto Boal a Nueva York, con quien trabajaba en Lima, un brasileño exiliado del Teatro Arena, porque se me ocurre que frente a la realidad política norteamericana podría armar debates, fingir unas peleas en el Metro, o sea, hacer teatro sencillo para hacer llegar la verdad de las cosas a las grandes mayorías. Es una cosa ya hecha, Augusto lo hizo hace cuarenta años, pero hoy hay una nueva necesidad de combatir la desinformación que está propagando el gobierno que tenemos allá.

**D.P.C.:** Es interesante lo que planteas, porque no creo que hayamos inaugurado en aquella década una solución infinita; las soluciones se agotan, pero también es cierto que todo fue cortado abruptamente en una represión feroz y mucho quedó por madurar todavía, así que hay muchas propuestas muy ricas que seguramente podrán madurar de nuevo, en el camino. Estaba pensando en todo lo que se dio como sostenido proceso en Bolivia con las radios, ellas sí continuaron mucho más allá de la represión, hasta que no se eliminaron los sindicatos mineros, pero siguió en otros sistemas. Ahí tienes una experiencia de cuarenta o cincuenta años que se ha sostenido.

**F.G.:** Yo esperara que alguien rescate la experiencia y la contribución del fallecido Jaime Reyes Velázquez, un gran amigo mío, casi diría mi discípulo, cuando era profesor de secundaria en el pueblo donde yo trabajaba. Tuvo la oportunidad de trabajar en UNESCO y otras entidades internacionales, la invitación de seguir al nivel doctoral, pero él siguió trabajando con comunicadores aymara. El que era blanquito de Sucre, se metió en la vida indígena.

**D.P.C.:** Jaime fue como un hermano para mí. Nuestro amigo José Luis Aguirre está muy cerca de hacer esa memoria y tratar de rescatar su trabajo. Pero ahí hay otro tema y es la continuidad de los procesos democráticos. Los Sin Techo llevan doce años con una conducción fantástica del Padre Atilio. Tú mencionas a Jaime también en esa continuidad de toda una vida en el trabajo en torno a la radio indígena. Yo a Jaime lo conocí en el '85 cuando había conseguido que los radialistas aymaras fueran recibidos en la universidad para capacitarse, y ese había sido el trabajo de Jaime. Ahí hay un intelectual orgánico, como diría Gramsci, que está permanentemente en relación con estos sectores trabajando. Y muchas veces vemos lo que llaman los mexicanos "llamarada de petate".

**F.G.:** O lo que los andinos llaman "fuego en chala".

**D.P.C.:** Sí, algo que se evapora. En cambio estos son procesos largos, creo que una de las apuestas es a los procesos largos.

**F.G.:** Sí, y hay que sentar las bases para que el proceso siga, también dentro de la organización de Los Sin Techo. Recuerdo a las madres del movimiento hablar de la falta de unión en los barrios, por las muchas organizaciones que hay. Fue fácil trabajar con el pueblo durante la represión porque no había otro grupo trabajando con ellos, no tanto por la represión sino por esa época, en la que no había tantas ONG, etc. Ahora, aún en las condiciones tan malas que estamos viendo en las barriadas, hay muchas entidades que trabajan, pero las mujeres nos dicen que no se unifican, que hasta se pelean entre sí. Tengo una sugerencia si me lo perdonan, de que la institución auspicie una reunión cumbre con todas estas entidades como para deslindar formas de cooperación y encarar la realidad de la pugna que existe. Se me ocurre la analogía con una cumbre entre estados sobre las drogas o la salvación de las ballenas, donde se acuerda y se pone por algo escrito como prenda del compromiso de todas las contrapartes. Así habiendo una voz unificada en principio sobre unos asuntos de menor importancia, los pobres podrán comenzar a hacer reclamos sobre cosas mayores.

.

**D.P.C.:** Sí, tú sabes que esa fragmentación se ha vivido no sólo por el lado de las ONG sino también cuando el Estado va fragmentado a trabajar, ministerios por un lado o por otro sin ningún contacto entre ellos. Sí hace falta algún ejercicio en algún momento, de por lo menos que la gente estuviera enterada de lo que hacen los otros. No sólo enterados en el sentido de la acción más gruesa, sino también saber cuáles son sus propuestas comunicacionales, qué entienden por marginalidad, cuál es su filosofía pedagógica, entonces algunas organizaciones se empezaban a conocer de esa manera, que se complementa con la propuesta que estás planteando.

**F.G.:** Sí y tal vez lo planteo de forma un poco idealista, porque siempre hay ciertos burócratas y ciertos intereses que no se darán al juego limpio. Pero creo que es necesario para dar a los pobladores la fuerza de poder reclamar.

**D.P.C.:** Hemos planteado como camino de cierre de la entrevista a todos quienes han pasado por este lugar una pregunta compleja que tú has estado rozando en tu exposición. Ahí va para abrirla a distintos frentes, una pregunta de dos palabras muy vieja, ¿qué hacer?

**F.G.:** No me faltan palabras, pero tampoco quiero hablar por hablar. Tenemos que mantener este contacto entre nosotros, los antiguos "lobos de mar", además de colaborar con los nuevos investigadores, y hacer trabajos como él de Alfonso Gumucio, porque es importante no perder las experiencias previas. Los proyectos tienen que salir de las bases de la realidad de haber encontrado una forma de conseguir el punto de vista de los interesados. Talvez en orden de prioridad, lo primero a hacer es encontrar una forma de detectar y animar a los verdaderos representantes de los grupos que en la actualidad no tienen la palabra. ¿Qué hacer? Seguir democratizando y ampliando la comunicación. ¿Cómo hacerlo? Lo tienen que ver quienes están con las manos en la masa, no me atrevo a entrar allí...

**D.P.C.:** De las seiscientas personas que nos acompañaron ayer y anteayer, había más de cuatrocientos jóvenes. ¿Qué te dice eso?

**F.G.:** Creo que es muy prometedor. Dice algo que yo sabía que ha existido dentro de la educación argentina siempre, con toda la crítica que le hacen ustedes, porque han visto de cerca el lado negativo. Sin embargo, el nivel, la calidad de su participación dicen que sí, que estos jóvenes están al corriente, que son conscientes, que son curiosos. Si han venido porque están viviendo esta reflexión sobre el renacimiento de su país, de experimentar ellos mismos y hablar con sus padres acerca de las desgracias que ha habido aquí, si están reaccionando frente a esa situación, entonces es algo muy prometedor. Si han venido por la comunicación y la participación, los derechos de comunicación de los pobres, me dice mucho, y espero que se pueda seguir fomentando eso.

**D.P.C.:** ¿Tu recuerdo más intenso de contacto con las madres en la mañana?

**F.G.:** Bueno, en la mañana varias madres decían que ya no podían, que hay tanta violencia, que los robos. Y una mujer contó que en su rabia por la corrupción de unos oficiales, le había dicho a un policía que los peores chorros eran ellos, caramba. El policía se enfureció, la encañonó y la amenazó, pero con eso demostró su debilidad moral. Le dieron un aplauso sus compañeras. El relato me recordó que siempre tendremos el arma potente de la indignación de la mujer frente a la injusticia. El detalle está en descubrir nuevas formas de canalizar su fuerza, formas propias a las diferentes formas de opresión que nunca faltarán.

**D.P.C.:** Tu ejemplo sirve para cerrar esta entrevista, siempre está la resistencia y la calidad moral viva y vigente.

**F.G.:** Sí, es una esperanza.

# Dos Emisoras Cambas*

*Aportes*, Facultad de Humanidades y; Comunicación, Universidad Privada Santa Cruz de la Sierra, Bolivia, Número 12, mayo 2006, p. 47.

*"Camba", del Oriente - llanura y selva amazónicas - boliviano.)

Parece oportuno revisar la historia de dos emisoras identificadas con su comunidad en vista del nuevo apoyo del gobierno boliviano a la radio comunitaria.

Las primeras escuelas radiofónicas en América Latina fueron las de Sutatenza, Colombia en 1947. Poco después se fundó Radio San Gabriel en el altiplano boliviano en 1955. Estos primeros proyectos eran obras de la Iglesia Católica. Pronto aparecieron otras emisoras auspiciadas por la Iglesia en la zona minera de Bolivia. (Beltrán: 1993) (Gumucio y Cajías: 1989).

Este trabajo contará la historia de las otras emisoras de Bolivia, las emisoras del oriente boliviano que se dedicaron a la educación y promoción campesina. Se documentará la historia de las obras radiales educativas de las localidades de Montero del Departamento de Santa Cruz, y las de Riberalta del Departamento del Beni.

Este trabajo es el primero que documenta la historia de las Escuelas Radiofónicas de Montero. También es la primera vez que se cotejan las dos experiencias en similares ambientes social culturales, la de Montero y la de Riberalta.

# Montero:

Las primeras escuelas radiofónicas en el Oriente fueron las llevadas por la parroquia de Montero en el Norte de Santa Cruz. Se iniciaron las escuelas radiofónicas en el año 1966, después de una visita del Padre Pablo Durán Mendoza a las escuelas de Sutatenza, Colombia.

La característica especial de las escuelas radiofónicas de Montero era que la parroquia no tenía, ni buscaba tener, emisora propia. Se trabajaba con una emisora comercial del pueblo, Radio Norte. Los dueños, los hermanos Justo y Leonardo Arteaga, daban acceso a las horas de transmisión de la emisora, a cambio de una consideración económica proporcionada por la parroquia.

La decisión de no buscar una emisora propia fue coherente con la actitud de la parroquia de la época que buscaba desinstitucionalizarse. La actitud nació del desengaño sentido por los religiosos con la escuela secundaria parroquial. Se dieron cuenta que los esfuerzos y los recursos dedicados al colegio sirvieron a un número reducido de jóvenes y a muy pocos de los pobres de la localidad. El resultado del análisis de la función y la misión del colegio secundario fue la decisión de pasarlo a una cooperativa de los maestros.

Esta misma manera de ver el papel de las instituciones parroquiales inspiró la idea de servirse de la emisora existente en el pueblo en lugar de fundar una propia. Más abajo en este estudio evaluaremos las consecuencias de este procedimiento.

En los años 60 y 70 todavía existía el campesinado independiente en el Oriente boliviano. Apenas diez años antes de la fundación de las escuelas radiofónicas en Montero hubo la Reforma Agraria en Bolivia que ocasionó la formación de ranchos o comunidades de los parceleros. Las escuelas radiofónicas de Montero comenzaron en la provincia de Warnes en las comunidades de Azuzaquí, El Carmen, Las Barreras, Turobito, Nueve de Abril, Copaibo, Envidia, Chané Rivero, San Miguel de la Envidia. Además, se trabajó con 4 comunidades sobre la carretera a la Colonia Okinawa.

En la provincia de Santisteban había centros en Saavedra, Las Petas, Santa Teresa, Santa Teresita, Agua Dulce, Lote Hoyos, San Juan de Santa Marta, Pueblo Nuevo, La Porfía. Estos centros estaban esparcidos a corta distancia del uno al otro sobre los caminos cañeros y madereros. La mayor parte de los participantes de esta zona eran inmigrantes chiquitanos, corderillas, guarayos, y colonias "kollas" del occidente del país. (Vaca Terrazas)

En total, entre los centros de las provincias de Warnes y de Santisteban, había las escuelas radiofónicas en comunidades que albergaban 200 a 300 familias. Entre esta población, los participantes llegaban a 10 a 20 personas por centro, alcanzando cifras que rozaban a 400 a 500. Participaron hombres y mujeres entre los 25 a 40 años, aunque también participaron jóvenes de 13 a 17 que habían tenido que abandonar la escuela. Además, no faltaron algunos viejitos que quisieron aprender a leer, desmintiendo el dicho local que "camba viejo no aprende rezar".

El modo del trabajo en Montero se calcó en las escuelas radiofónicas pioneras de Sutatenza, Colombia. En 1968, Marcelo Zanabria y José Américo Ocampo participaron en un curso de 60 días en la institución matriz de la radio Sutatenza, Acción Cultural Popular de Colombia. Los delegados de Montero estudiaron temas generales de la comunicación, pero más importantemente observaron y experimentaron el método y el espíritu de la radio Sutatenza.

En elemento clave de este método era el monitor, un habitante de la comunidad que sabía leer y escribir. No faltaron campesinos respetados en sus comunidades que fueron reclutados para cumplir esta función. La mayoría de ellos eran jóvenes de menos de 20 años. Este hecho subraya dos realidades:

- el analfabetismo de los mayores,
- el progreso logrado con la juventud por la reforma agraria del año 1954.

Los monitores recibieron entrenamiento en Montero. Tuvieron la oportunidad de familiarizarse con los (pocos) materiales escritos del programa. Aprendieron sus obligaciones: alistar el local (escuela, capilla, posta sanitaria), sintonizar el programa, reunir los participantes, y servir de intermediario entre el profesor locutor y los participantes.

El monitor era un emblema de lo que eran las escuelas radiofónicas. Era un campesino como los demás. El programa de Montero siguió su estilo de trabajar con los recursos locales. Siguiendo el mismo molde, no se construyó emisora y no se utilizaron locutores de voz pulida. La programación fue elaborada por un equipo de voluntarios de Montero.
Ellos produjeron las lecciones transmitidas por la radio Norte.

El motivo principal de los campesinos que se inscribieron en el programa fue el deseo de aprender a leer y escribir. En los años 60 en el Oriente, la gran mayoría de las personas mayores de 35 años era analfabeta. El programa en Montero se esforzó por evitar la alfabetización tradicional. Se trató de aplicar el método Psico-social del educador brasileño Paulo Freire. El profesor local Benito Estrada proporcionó la seriedad y unos mínimos ideas didácticas a la programación. Los demás miembros del equipo, jóvenes inquietos de Montero se guiaban por las líneas de Freire en su labor de adecuar la enseñanza de la labor radiofónica a la realidad cruceña.

La hora de las escuelas radiofónicas también se utilizó para comunicar otros temas de interés a los participantes. Se pasaban programas de salud, puericultura, economía doméstica, matemáticas básicas, y más importantemente la organización campesina. Esta inquietud fue secundada con los avisos de las instituciones campesinas y noticias pertinentes.

Los programas se transmitían al alba. Los participantes como todos los campesinos de la zona salían de sus ranchos para ir a pasar el día en las labores agrícolas, algunos en sus propios "chacos" (sembradíos), otros en los trabajos de sus patrones. Los programas buscaban un tono acogedor y familiar. Se evitaba el uso de expresiones, giros, y modos de hablar de los locutores profesionales.

Marcelo Zanabria recuerda que las técnicas de la producción se aprendieron en la práctica. "En general se veía que ingresábamos muy aceleradamente en el campo de la producción, y por ese tiempo se realizaban trabajos de buena intención y voluntad, con equipos de grabación Sony semiprofesionales, las cortinas musicales ingresaban por micrófono, era cuestión de ingenio y la urgencia de realizar." (Zanabria: p.91)

Como resultado de los consejos del programa, grupos de campesinos comenzaron a organizarse para contratar en común el transporte para llevar sus productos al mercado. El programa insistía en poner a descubierto las verdades de las cifras de la acostumbrada venta anticipada de la cosecha. La pobreza de la gente la obligaba a vender su futura producción por sumas irrisorias (o sea aceptar una hipoteca con intereses usurarios).
Además, hubo intentos de cooperativas de consumo y de producción.

Aunque la mayoría de estos esfuerzos fueron frustrados en los próximos años de la dictadura, el breve proyecto de las escuelas radiofónicas sembró ideas de justicia y de solidaridad campesina que fueron nutridas en silencio durante el período de represión que entró en 1971 con el golpe de Bánzer Suárez.

El alma del programa, la persona que inspiraba a los monitores y reclutaba a los participantes fue el coordinador, a quien le decían todos el "Sr. Director", Germán Vaca Terrazas, cariñosamente tildado "Chicharrón". Germán fue un artesano de Montero que practicaba el oficio poco rentado de tejero.

El programa le pagó un sueldo mínimo y puso a su disposición una motocicleta vieja para sus visitas al campo. Mereció la confianza de los campesinos por su dedicación al programa. Estableció el ritmo de ir a los centros a las cuatro de la mañana para controlar la asistencia a las transmisiones. Estas visitas sorpresivas mantenían el cumplimiento en todos los centros. Pero sus visitas no eran las de un fiscalizador ajeno a ellos. Su título de "Director" no lo puso aparte; mas bien fue un chiste compartido por todos. Germán era el "anti-Director". No suscitaba resistencia o hostilidad. Ganaba la colaboración de todos aún cuando tenía que criticar las fallas de algunos. Él entendía su situación porque la vivía él mismo; él era uno de ellos, de raza y de cultura.

Se ha extendido sobre el carácter de "Chicharrón" porque él también es un ejemplo del estilo de las escuelas radiofónicas de Montero. Él era un valor local que lograba mucho más de lo que podría hacer otra persona de mayor formación profesional.

## EVALUACIÓN de las Escuelas Radiofónicas Montero

*El aprovechamiento de los recursos humanos locales*

Seguramente esta política era el valor principal de la obra. Los logros educativos fueron modestos. Pero el proceso de conseguir estos logros valió más que los logros mismos. Una generación de hijos del pueblo se ha identificado con el trabajo y con la suerte de los del campo. Aprendieron a trabajar en equipo en la programación y locución de los programas.

En cierto sentido, no sólo la alfabetización siguió las pautas problematizadoras del método de Freire. Todo el programa causó que todos los participantes, los del pueblo y los del campo, reflexionaran sobre su realidad. La preferencia por los elementos locales, el personal, los ejemplos, el vocabulario y expresiones, fue un recuerdo constante del valor y dignidad de lo suyo. Al ver la confianza que la parroquia depositó en un hombre sencillo del pueblo, Chicharrón Vaca, los campesinos comenzaron a valorizar a sí mismos.

Los pobladores escogieron a los monitores a base de su carácter y compromiso con la comunidad. Fue una de las primeras veces que su opinión había merecido la atención de los de afuera. Se echó la semilla de madurez política entre los pobladores de los ranchos que tenían centros radiofónicos.

Los monitores se capacitaron en la acción. No recibieron cursos de liderazgo. Se hicieron líderes con conducir los centros de sus ranchos. El orgullo del monitor por tener un papel de responsabilidad sólo se igualó con el respeto y el agradecimiento que merecieron de parte de los mayores de su comunidad.

La otra cara de la medalla de la realidad de los monitores causa mucha tristeza. Las escuelas radiofónicas fueron la causa remota del sufrimiento de muchos y de la muerte de algunos de los que aprendieron a analizar la sociedad en que vivían. Algunos monitores entraron a las filas de los revolucionarios rurales de la época; otros fueron sencillamente tildados de subversivos y cayeron con sus compañeros cuando las fuerzas de represión sofocaron sus protestas.

*La Hora Comprada en la Radio Norte:*

Esta forma de trabajar ha tenido consecuencias positivas y negativas.

La positiva ha sido la posibilidad de trabajar con elementos locales como Germán Vaca Terrazas. Seguramente los fiscalizadores y gerentes de una emisora "correctamente" llevada no aceptarían a una persona como Chicharrón en una posición clave.

La negativa ha sido lo pasajero que ha sido la experiencia. No obstante todo lo expresado en el acápite anterior, sigue en pie la pregunta: ¿Qué es lo que vale más, el proceso o el producto? Sin duda el proceso ha sido rico. Muchos se capacitaron en la acción, pero ya no hay rastro del fermento que causaron las escuelas radiofónicas en el Norte de Santa Cruz. Se tiene que preguntar si no hubiera sido más previsor el aprovechar el financiamiento externo disponible en los años 60 al mismo tiempo de inculcar la visión Freiríana en la pedagogía, las relaciones humanas, y la organización.

La sociedad en el Norte de Santa Cruz ha cambiado radicalmente. El "agribusiness" (la agricultura corporativa) ha acaparado los terrenos de los campesinos. Ya no hay ranchos; todo es latifundio. Talvez el pueblo tendría un arma para su lucha de hoy si los visionarios de Montero de los 60 hubieran dejado una emisora inspirada en su ideología, Lo efímero de la experiencia montereña es la principal diferencia de la de Riberalta.

No obstante, algo del espíritu del grupo de visionarios duró. El trabajo radial mancomunado con los agrónomos del Colegio Metodista rebasó los esquemas sectarios que caracterizaba la cultura religiosa que heredaron. Después de la clausura de la obra original de alfabetización, en los años 70 nacieron otras obras directamente deudoras de su visión. La radio al servicio del campesino siguió en el Norte con la fundación de la emisora ecuménica "Mensaje" y la "Radio María Auxiliadora" de la fundación salesiana. Ambas obras se iniciaron con el personal de las escuelas radiofónicas Montero...

La obra ecuménica flaqueó por problemas de "casacas" pero la obra salesiana continuó, con directores de menos bríos que los de antes, pero con la cordura y tesón que los permitió permanecer en sus labores.

También es necesario recordar que un grupo de miembros del equipo fundador viajó a San Ignacio de Velasco en respuesta a una petición de asesoramiento en la metodología de las escuelas radiofónicas Montero. Sus consejos e instrucciones entraron en los lineamientos de la emisora "Juan XXIII" que se fundó en esa localidad. Hasta la poderosa institución Fe y Alegría en la ciudad de Santa Cruz reclutó a Chicharrón Vaca al lanzar su programa de alfabetización.

En fin, poco visible duró. Pero aún después de desaparecer la obra radiofónica de Montero algo queda. Aunque no ha fundado nada, parece que ha dejado huella en las instituciones y personas del Norte Cruceño.


# Riberalta:

*Ideas previas*

El trabajo radiofónico en la Amazonía Boliviana dependía de dos esfuerzos: Radio San Miguel, y los Equipos Móviles de Educación Integral Rural. Durante años variaba el grado de cooperación o de tensión entre estos dos grupos. La historia del desarrollo de sus relaciones se encuentra en la tesis universitaria de un participante en el proceso. (Aguirre).

La Radio San Miguel comenzó primero, y tuvo mucho que ver con el origen de los Equipos Móviles. Durante unos años eran proyectos independientes; durante otros años había ciertas diferencias entre los dos esfuerzos.

Paulatinamente, los Equipos Móviles tuvieron influencia sobre la emisora. Al final del proceso, las dos obras se unieron bajo una administración conjunta.

El trabajo de José Luis Aguirre Alves nos da la historia completa de la labor en pro de la comunicación liberadora del campesinado del Vicariato (una entidad administrativa eclesiástica parecida a una "diócesis"). El trabajo de Aguirre contiene fuentes valiosas de información sobre Radio San Miguel y los Equipos Móviles: documentos originales, entrevistas, y relatos de observaciones.

Pese a su gran valor, pocos podrán aprender del trabajo de Aguirre porque el único ejemplar de la tesis en inglés se encuentra en la biblioteca de la universidad de Iowa en Estados Unidos. El autor del presente trabajo debe mucho a la visión general del trabajo de Aguirre. Es de esperar que esta nueva lectura de la evaluación de las obras de comunicación en el Beni y Pando sirva nuevas generaciones de comunicadores comprometidos con la comunicación participatoria.

*Radio San Miguel*

La emisora San Miguel de Riberalta nació de una recomendación en 1967 del grupo IBEAS (Instituto Boliviano de Estudios y Acción Social). Entre los objetivos de la proyectada emisora eran:
- mayor comunicación con la gente de los ríos...
- una filosofía de desarrollo de la comunidad:
- la ayuda para que los ayudados lleguen a ayudarse.
-

Otro documento de los fundadores de Radio San Miguel (a veces identificada con las siglas RSM) cuenta su historia hasta el año 1970.

a)      El 11 de julio de 1968, Radio San Miguel recibió la autorización (Res. Sup. 145765 - Licencia 85) de operar una emisora educativa en la banda de 60 metros en Riberalta, Beni, Bolivia.

b)      La programación se inició el 29 de octubre de 1968 y continúa hasta el presente.

c)      La estación funciona 8 horas por día, siete días de la semana, de 10 AM a 1 PM y de PM a 10 PM.

d)      A partir del 15 de julio de 1970, la emisora está funcionando al nivel de su máxima eficiencia. Se sintoniza en todo el Vicariato (Área eclesiástica que abarca la zona de Riberalta, Guayaramerín, y el Departamento del Pando).

e)      Los gastos mensuales ascienden a $200 USD. Entra $95 USD a razón de contribuciones y publicidad. Le saldo de $105 se sufraga con el aporte del Vicariato.

f)      La estación y sus dependencias se encuentran junto al Instituto Profesional en Riberalta.

g)      Trabajan a tiempo parcial cuatro empleados asalariados, y 16 voluntarios.

(Maryknoll Archivos. Evaluación del Trabajo Social en el Pando).

Al comienzo la emisora dependía mucho de programas enlatados, muchos proporcionados por los servicios de comunicación de las embajadas extranjeras acreditadas en el país. Esta medida permitió llenar el horario con programas sobre una gama de temas profesionalmente producidos que interesaban a los radioescuchas. No obstante, molestaba a varios de los participantes en los primeros trabajos que vieron los efectos no deseados de la ideología foránea en los programas "regalados". (Coy)

El horario consistía de programas de:
- Educación general (ciencia, historia, inglés)
- salud
- desarrollo de la comunidad
- niños
- noticias
- agricultura
- música
- mensajes (un renglón muy importante al servicio de las personas que viven en comunidades aisladas por todos los ríos de la zona.)

Los mensajes sirvieron como control del alcance de la emisora. La cantidad y el destino de los mensajes permitió constatar que había sintonía por toda la zona.

Además de la programación general había programas de índole religiosa desde el comienzo de la operación.

158

Comenzando en 1970 se notaron cambios en el enfoque de la programación. Se dedicaba más énfasis a los temas sociales de referencia local. Se iniciaron programas sobre la historia, cultura, y arte del Departamento del Beni. No obstante estos cambios, la programación siguió un cauce quietista, respetable, y hasta colonizadora.

## Los Equipos Móviles

Durante este período de cambio lento en Radio San Miguel, los Equipos Móviles de Educación Integral Rural (EMEIR), otra obra social del Vicariato, llevó la delantera en cuanto a la renovación de la ideología de servicio. Los EMEIR comenzaron sus labores en 1973. y progresaron rápidamente de seis miembros originales trabajando en doce comunidades de los ríos, a un grupo de veinticuatro integrantes trabajando en cuarenta y cinco localidades de Cobija, y de los ríos Mamoré, Madre de Dios, y Beni.

Aguirre cita los objetivos de EMEIR de un documento interno:

> Contribuir a la expresión crítica del campesinado...; fomentar una actitud crítica en los campesinos que les dará las herramientas para encontrar la mejor forma de superar la realidad de su explotación. Para alcanzar estos objetivos se enfocaba la atención en: la educación (la alfabetización del campesinado), la organización (el liderazgo), y el desarrollo de la comunidad (salud, promoción de la mujer, educación moral y cívica). (Aguirre: 101)

A Radio San Miguel le faltaban tales objetivos socio-transformadores hasta el período de 1976-1979 cuando el Vicariato del Pando entró a un proceso de renovación y de evaluación interna.

Pero la maduración rápida de los EMEIR pronto haría sentir su impacto en Radio San Miguel. En 1977, el Vicariato cedió el control de los EMEIR a sus propios líderes. Una de sus primeras actividades fue el aprovechamiento de Radio San Miguel para sus actividades por los ríos. Sin embargo, las dos obras continuaron separadas y distintas en su ideología.

Mientras tanto, el mismo espíritu democrático que soplaba en el país afectó la Iglesia de Riberalta. El Proyecto de Comunicación Integral de 1978 recomendó una nueva dirección para RSM. Algunos objetivos y estrategias planteados para la emisora en 1977 fueron:

- Promover la prioritación de las zonas rurales y necesitadas;
- Luchar contra la injusticia sufrida por los marginados de los beneficios políticos, económicos, culturales y sociales;
- Promover mayor participación en las actividades de la radio de los campesinos, trabajadores urbanos y sectores marginados;
- Mantener el personal de la radio en contacto con la realidad campesinos mediante visitas, flujo de información y actividades comunitarias.
- Asumir el papel liberador de la radio, con una orientación ideológica basada en la doctrina social de la Iglesia. (Aguirre: 94)

Estos objetivos hubieran culminado en cambios radicales dentro de la emisora. Comenzaron un proceso de *desurbanización*. Sin embargo, RSM no vio claro en esta época su misión transformadora de la vida del campo. Su visión era compartida con la idea de servir tanto al centro urbano como al campo. Un factor importante en el escalonado reajuste de la línea de acción de Radio San Miguel fue el progreso de la colaboración más estrecha con los Equipos Móviles.

La producción de los programas radiales se pasó a manos del personal de campo de los Equipos Móviles. Salas

Takaná y Guarena Mamío, dos de los fundadores de los Equipos Móviles, opinan que

> La idea de Radio San Miguel como un medio de transmitir información se ha transformado con la presencia de los promotores de campo de RSM, cuya metodología es 'ver, juzgar, y actuar'…los promotores experimentan la vida rural en carne propia, descubren los problemas sociales y económicos, traen estas realidades a la radio para el auditorio campesino…y motivan al campesinado a encontrar soluciones comunitarias para estos problemas." (Aguirre: 151)

No obstante, todo se paralizó con el golpe militar de julio 1980. Se persiguieron los trabajadores de la radio y la emisora fue intervenida por los elementos militares.

No obstante la clausura de la emisora y el destierro de varios de sus trabajadores, Radio San Miguel continuó con aún más fuerza en 1982 cuando se formalizó la relación de la emisora con los Equipos Móviles. Esta relación se afianzó en 1986 cuando Héctor Salas Takaná, un fundador de los Equipos Móviles, llegó a ser el Director de Radio San Miguel. Los EMEIR se independizaron del Vicariato en 1989.

Una evidencia del compromiso de RSM con el auditorio campesino es el cambio en su horario de trabajo a partir del 1986. La emisora concentra su transmisión en la madrugada y en la noche, horas cuando sus escuchas rurales tienen tiempo libre antes y después de sus faenas agrícolas. Más importantemente, estas son las horas de mayor propagación de onda y mejor sintonía.

## EVALUACIÓN de Radio San Miguel

El éxito de los proyectos de educación participativa de Radio San Miguel y de los Equipos Móviles se debió en gran parte a la influencia de las ideas y carisma de una persona, el Padre John Moynighan, un sacerdote norteamericano del Vicariato. Esto podría parecer estar en conflicto con la característica central del modo de trabajo de estas instituciones, el énfasis en lo propio, y el rechazo a la imposición desde arriba. No obstante ello, este sacerdote se ha considerado la persona clave en el desarrollo de los trabajos.

> El génesis del enfoque al trabajo de educativa y de la comunicación rural en la Amazonía Boliviana fue el esfuerzo de un líder de la comunidad, el padre Juan Moynighan. Las actividades rurales iniciadas por Moynighan se relacionaron específicamente con factores contextuales, tales como su motivación personal de mejorar la condición socio-económica del campesino, y su decisión de lanzar un proyecto de educación alternativa – EMEIR – en 1973 que llevó al sistema de visitas en canoa por los ríos, e impactó su estrategia de aplicar las ideas contemporáneas de la educación concientizadora del pobre. . (Aguirre: 193)

Radio San Miguel llegó a poner énfasis especial en mantener un flujo de comunicación desde las bases. Desde el comienzo, aún antes de la participación decidida de EMEIR, Radio San Miguel empleaba métodos innovadores genialmente adecuados al medio ambiente cultural y físico:

- los "reporteros populares", personas de la comunidad que hacían llegar noticias y contenido cultural a la emisora.
- las visitas por los ríos de los productores de los programas de la emisora.

No fue posible lograr la colaboración de muchos de los dueños de *barracas* u otras fuentes de trabajo asalariado o contractual. Evaluar este hecho depende del punto de vista del evaluador. Si se busca la unanimidad y la paz social, los trabajos de comunicación de RSM y EMEIR no contaron con el beneplácito y la aceptación de todos los sectores. En cambio, si el evaluador reconoce el estado de explotación del campesino imperante en la zona no es cosa rara que los que detentaban el poder económico y político no vieron con agrado las labores de educación y comunicación participativa.

Un corolario del punto previo es que no había apoyo económico de los proyectos. El comercio local no quiso contribuir a una programación que señalaba sus errores. Era necesario acudir al financiamiento externo. No faltaron las instituciones extranjeras (mayormente europeas) con los fondos necesarios. Sin embargo, la precariedad presupuestaria es un hecho de vida para tales proyectos educativos.

El papel de la Iglesia es innegablemente positivo en la fundación y mantenimiento de las obras. Aunque había elementos dentro del mundo religioso, clérigos y laicos, que compartieron el punto de vista de los sectores de poder, el Vicariato apoyó la línea de RSM y EMEIR. No sólo fue un factor principal en la vida de los proyectos el Padre Moynighan, el Vicariato puso otro personal al servicio de la emisora en sus comienzos y ha absorbido los gastos de operación durante muchos años.

## EVALUACIÓN y CONCLUSIONES GENERALES:

## Escuelas Radiofónicas Montero y Radio San Miguel

## 1. Similitudes y Diferencias:

*Los dos proyectos tienen mucho en común:*

- Buscaron un estilo (vocabulario, lenguaje, temática) apropiado y asequible a sus oyentes campesinos.

- Incursionaron más allá de la programación anodina general y enfatizaron las realidades socioeconómicas de sus respectivas zonas.

- Apoyaron y fomentaron otras obras sociales tales como cooperativas, alfabetización, regularización de títulos de propiedad de los campesinos, obtención de "cupos" de comercialización de productos agrícolas, y otros derechos civiles del campesinado.

- Valoraron la cultura local, auspiciando la música y teatro local, tanto por la radio como en las comunidades.

- Enfatizaron la formación de auténticas líderes locales como uno de sus principales objetivos.

- Nacieron del impuso de un miembro del clero dentro de un momento de creciente conciencia social dentro de la Iglesia Boliviana.

- Suscitaron crítica y oposición de sectores de la Iglesia local (Montero) y de las fuerzas políticas y económicas locales (ambos proyectos).

- Fueron clausuradas por las fuerzas militares de turno.

*Las principales diferencias entre los dos proyectos:*

- Radio San Miguel nació como obra oficial de la institución de la Iglesia local mientras que las escuelas radiofónicas de Montero fueron la obra de un grupo aislado de la comunidad eclesiástica local y fueron toleradas, pero nunca apoyadas por la mayoría más conservadora.
- Relacionado al punto anterior es el hecho que radio San Miguel pudo recuperar sin la presencia continuada de su fundador religioso mientras que las escuelas radiofónicas Montero no sobrevivieron la salida del suyo.

## 2. Conclusiones Generales:

**Paternalismo**: La principal conclusión obtenida del repaso de los informes y entrevistas que documentan la historia de las dos obras es que el trabajo de Montero nunca superó el paternalismo común en la administración de los proyectos de las organizaciones non gubernamentales en Bolivia.

Aunque se promocionaron magníficos líderes locales como "Chicharrón" Vaca, artistas locales como "el Camba Florencio", Antonio Anzoátegui, y jóvenes profesionales como Benito Estrada, y por contacto más remoto, el que llegó a ser el gran comunicador popular boliviano, Jaime Reyes Velásquez, la autonomía de estos siempre fue limitada.

**Auto-Gestión:** Los profesores, promotores y locutores de Montero desarrollaron una ideología avanzada de comunicación popular y pudieron recomendar y desarrollar proyectos independientes en el área de su responsabilidad, pero nunca tuvieron la oportunidad de participar en las decisiones claves de las políticas y procedimientos de las escuelas radiofónicas.

En cambio, Radio San Miguel muy temprano en el proceso fue dirigida por administradores locales y los Equipos Móviles y alcanzó completa independencia de sus fundadores y bienhechores de la iglesia local.

**Estilo de Dirección:** La causa de la diferencia entre la ideología de mando y de administración de los dos proyectos era la diferencia entre la personalidad y estilo de liderazgo de sus fundadores. El religioso que coordinó Radio San Miguel y fundó los Equipos Móviles limitó sus propios poderes. Organizó las cosas de tal forma que se comprometió a respetar la toma de decisiones de sus colaboradores.

No hay duda que las diferencias de carácter y genio entre los sacerdotes responsables por los respectivos proyectos subyace toda su historia, éxitos, y fracasos. Pero esta conclusión contundente no ayuda gran cosa como fuente de recomendaciones. Es difícil sugerir o recomendar pruebas psicológicas para los asesores de proyectos populares. En el mundo de las ONG los funcionarios siempre tendrán la toma de decisiones.

Entonces la **recomendación** principal que se impone como fruto de la reexaminación de la historia de las dos obras de comunicación participatoria en el Oriente Boliviano es que la administración de estos proyectos tiene que ser participada. Una dirección autoritaria que fomenta la participación del campesinado en eventos culturales y sociales es una contradicción.

La participación del pobre en su propia superación nunca es un proceso fácil o agradable. Si todo va sin problemas, es seña segura que la "participación" es limitada. La verdadera participación popular es turbulenta, marcada de conflictos, partidismos y egoísmos. Muy pocas veces logra todos sus objetivos. No puede haber recetas ni organigramas *a prioris*. Aunque el proyecto paternalista podrá resolver algunos problemas emergentes, a la larga no hará crecer ni a sus bases ni a sus mandos medios.

La tentación siempre es de pensar como el director del Sistema Nacional de Movilización Social (SINAMOS) del Perú que dijo: "el pueblo no es ideológicamente virgen". (Neira: 1972) Lo triste es que dirigió esas palabras a un grupo de personas que él tildó de "utópicos". Es obvio que su tarea no era fácil, pero su "realismo" tampoco logró la anhelada movilización social y justicia social en su país.

Esperemos que surjan muchas emisoras comunitarias bolivianas al amparo del nuevo Decreto Supremo. Ojalá que nuestra breve evaluación de previos esfuerzos en el país sirva de fuente de comparaciones y orientación.

# Notas:

Aguirre Alvis, José Luis, *River-Radio: A case study of participatory radio education in Bolivia.* Iowa State University, Ames, Iowa, 1990.

Beltrán, Luis Ramiro, *Comunicación para el desarrollo en Latinoamérica; Una evaluación sucinta al cabo de cuarenta años.* Instituto Para América Latina (IPAL), Lima, Perú, 1993. Publicado en el Boletín del Internet "La Iniciativa de Comunicación" accesible en: http://www.commiinit.com/la/pensamientoestrategico/lasth/lasid-754.html

Coy, William, *Entrevista Personal*, Maryknoll NY, 9 agosto, 2005

Gumucio Dagron, Alfonso y Cajías, Lupe *Las Radios Mineras de Bolivia,*. CIMCA, La Paz, 1989

Maryknoll Archivos, Maryknoll, NY. *Evaluación del Trabajo Social en el Pando,* Cochabamba, Bolivia, 1970, "radio San Miguel, página sin número. Caja 14, Carpeta 2, Archivos de la Región de Bolivia.. Traducción del autor

Maryknoll Archivos, Maryknoll, NY. *Reunión del Comité de Comunicaciones Sociales* de los Padres de Maryknoll, Cochabamba, Bolivia, 1969, p. 10. Caja 8, Carpeta 2, Archivos de la Región de Bolivia.. Traducción del autor

Neira, Hugo, *conversación con el autor*, Lima, Perú, 1972

Vaca Terrazas, Germán, *correspondencia con el autor*, 2005

Zanabria Guzmán, Marcelo, *La Comunicación Social en el Norte*, Álbum Conmemorativo del Cincuentenario de la Parroquia N. S. De las Mercedes, Montero.

# Un breve esbozo de cuatro posibles escenarios de la comunicación para el desarrollo.
## Frank Gerace L. Ph.D.

Me llegó una solicitud de un estudiante de la Comunicación Social que yo diera mi punto de vista sobre unos aspectos del tema de comunicación para el desarrollo. Después de sentir satisfacción por la confianza del estudiante y agradecimiento al académico que había sugerido a su alumno que yo podría aportar algo, me dí cuenta que el plazo que me puso el estudiante no me permitiría el lujo de volver a la carga de la investigación seria.

Por lo tanto el presente trabajo se asemejará a esos cuentos de la reacción del marciano al observar la vida de este planeta. Podría ser una visión nueva nutrida de años de reflexión; en cambio, podría ser un tiro al aire, desconectado del estado actual del estudio de las comunicaciones.

¿Cuál es el estado actual de la comunicación para el desarrollo? Obviamente para intentar una respuesta, tenemos que saber el significado de los términos centrales de la pregunta: *comunicación* y *desarrollo*.

Sabemos que abunda la controversia, hasta la polémica, acerca de ambos términos. Yo creo que existe esta controversia porque muchos que usan los términos se olvidan que hay una gama de significados para ambos.

Las palabras en referencia son usadas y entendidas con una infinidad de matices según las usen personas de diferentes culturas, ideologías y condiciones socioeconómicas. No tengo ni la misión ni la capacidad de hacer un cotejo exhaustivo de todos los posibles significados de las palabras comunicación y desarrollo.

No obstante, hay una forma de seguir adelante con nuestro cometido. Los antiguos escolásticos nos enseñaron que es necesario distinguir entre los vocablos empleados para que el coloquio sea fructífero.

Entonces, distingamos el significado de las dos palabras: comunicación y desarrollo, con examinar los extremos de sus posibles significados.

*La Comunicación:* Sabemos que usamos el término "comunicación" tanto para los gritos de la patrona prepotente a la doméstica tímida, como para el intercambio de planes e ideas de una pareja amorosa. ¿Es comunicación el producto de los medios masivos corporativos?

*El Desarrollo:* Igualmente algunos exigen índices económicos para que un proceso merezca el término "desarrollo". Para estos observadores todo depende de la macroeconomía del país. En cambio, otros miran más la calidad de vida compartida para medir el desarrollo. Por ejemplo, hay países que registran un nivel bastante bajo de ingresos per cápita de la población, pero tienen altos índices de alfabetización, escolaridad femenina, etc. y bajos números de mortandad infantil, natalidad, enfermedad mental, y otras medidas por el estilo.

Para poder fijar nuestra vista en los extremos de los dos elementos del objeto de nuestro estudio la "comunicación para el desarrollo" pondremos etiquetas a los conceptos que acabamos de considerar.

Diremos que la comunicación tiene dos extremos: la comunicación **vertical** y la comunicación **horizontal**. Y nombraremos los dos extremos del concepto de desarrollo el **neoliberal** y el **integral**.

Primero trataremos de entender mejor el continuo respectivo de los dos conceptos, para luego emplear una representación gráfica para ver las relaciones entre sí.

## ¿Qué es la comunicación?

Escuchamos con frecuencia hablar de la importancia de la comunicación. Es un lugar común hablar de la necesidad de la buena comunicación en las relaciones humanas. Es igualmente pregonado que se comuniquen bien los sectores de una sociedad. Finalmente, exigimos fidelidad y nitidez en la transmisión de nuestros contenidos por los medios electrónicos. Pero, como aclaramos arriba, en este pequeño estudio, nos limitamos a mirar la comunicación para y dentro del desarrollo.

***Un concepto extremo de la comunicación: La Vertical***
Para algunos la comunicación es el flujo de un contenido de un polo a otro. Si se acepta esta visión de la comunicación, sirve igual para denotar tanto la instrucción como la transmisión radiofónica. Ya se ha comentado ampliamente que este extremo del significado de la palabra enfatiza la dirección unilateral del flujo. Sabemos que esta descripción pinta bastante bien un posible modo de comunicación. Hay cátedras y declaraciones políticas y eclesiásticas que "se dan por comunicadas" con el mero hecho de ser emitidas.

Mientras la comunicación de este tipo podría ser válida en algunas circunstancias como la publicación de los números ganadores de la lotería, o la emisión de la señal de una boya, es insuficiente para la comunicación entre personas humanas. De hecho, esta visión de la comunicación ha merecido el calificativo de "vertical" cuando se practica en la esfera social, educativa o política. El término mismo "vertical" demuestra la reacción de las personas o de los grupos de "abajo" que reciben comunicaciones "de arriba" inspiradas en la presente definición extrema del término. El origen y la permanencia del uso del calificativo connota claramente los elementos de arriba y de abajo, superioridad y de inferioridad. Independientemente del contenido la comunicación misma, bajo esta óptica, no sólo es unilateral también es vertical.

No es novedad que muchos se han opuesto a la idea vertical de la comunicación entre los seres humanos. Educadores, teólogos, poetas y revolucionarios han reclamado más equidad en la comunicación entre semejantes. Siempre era presente este hilo de significado de la palabra, pero cogió su auge en los años 60 y 70 cuando el mundo comenzó a examinar muchos de los moldes y parámetros de la sociedad heredada.

### *Otro concepto extremo de la comunicación: La Horizontal*
En esta época se multiplicaron los reclamos para participación en muchos aspectos de la vida. Se rechazaron los dictámenes del patriarcado, la iglesia, y de los gobiernos autoritarios. En ese ambiente intelectual estimulante se exigió una aceptación de la palabra comunicación que enfatizara la recepción activa y reflexiva del mensaje. Durante los años de resistencia a las dictaduras de turno, en muchos círculos intelectuales y populares se rechazó la concepción vertical de la comunicación. Entraron las notas de participatoria y "horizontal" en la definición de la comunicación social.

El concepto de la comunicación horizontal nació de la visión de la pedagogía del oprimido de Paulo Freire. Muchos investigadores volvieron a analizar los esquemas de la extensión agrícola, la difusión de innovaciones, la modernidad, etc. Saltó a la vista la carga ideológica de casi

174

todas las teorías y prácticas vigentes de la educación y de la comunicación social. De ahí, se multiplicaron los proyectos que "darían la palabra" a nuevos usuarios y productores de los mensajes. Muchos intentaron aplicar las ideas de Freire experimentando con nuevas formas de incorporar a los sectores previamente alejados de la toma de decisiones en la planificación, diseño, creación, y producción de nuevos esfuerzos de comunicación.

Entre los medios transformados con la visión horizontal de la comunicación se contaron las fotonovelas, los cassete foros, los periódicos murales, el video, el teatro popular, las exhibiciones en espacios públicos, y otros esfuerzos por el estilo. En estas actividades la visión horizontal de la comunicación no buscaba el mero remplazo de los productores de los medios por nueva gente nacida del "pueblo" sino una nueva visión que la comunicación no tenía que ser redactada, pulida y armada a la perfección. Para los nuevos adeptos de la comunicación horizontal, no importaba tanto el producto de la comunicación tanto como el proceso. Por esta razón se llegó a elogiar la comunicación "artesanal' que forma y educa a los que antes no tenía la palabra. Estos con el nuevo enfoque a la comunicación comenzaron a expresar su palabra, aunque fuera en una manera "no profesional".

Es cierto que los dos extremos semánticos del término existen en el día de hoy. La presencia de las dos visiones implica que estas siguen significando diferentes formas de concebir y de practicar la comunicación. He tratado de presentar los dos extremos como medio de llegar a formar una opinión sobre el estado de la comunicación para el desarrollo.

En la misma forma que hemos revisado los dos extremos del concepto de la comunicación, tendremos que tratar de aislar las visiones extremas de la palabra desarrollo.

## ¿Qué es el desarrollo?

También con esta palabra tendremos que ver los dos extremos de su espacio semántico para poder entender su relación con la palabra *comunicación*. Todos hemos luchado por entender esta palabra, *el desarrollo*.

Nosotros los veteranos vemos como la sociedad ha cambiado. Antes no había droga y criminalidad en los pueblos y barrios urbanos. Se podía caminar sin miedo de noche en nuestras ciudades. Se han perdido muchas costumbres sanas de antes, tanto las indígenas como las criollas.

En cambio, vemos que se ha desarrollado mucho la sociedad que ahora permite que la juventud entre a la escuela, que la mujer exija su respeto, y que las leyes comiencen a lidiar con el privilegio y la influencia.

Decimos que todos estos cambios son el resultado del desarrollo de los últimos años. Sin embargo, según los casos y la inclinación del observador, el desarrollo es culpado o alabado. Muchas veces el mismo cambio recibe alabanzas o crítica. Entonces vemos que no se trata sólo de los cambios físicos sino de diferentes conceptos del desarrollo. La misma obra de infraestructura, como una nueva carretera, trae grandes disrupciones en la vida de un pueblo al mismo tiempo que trae innegable mejoría.

Veamos las ideas extremas del continuo semántico de la palabra "desarrollo".

***Un concepto extremo del desarrollo: El Neo Liberal***
Muchos han puesto el apelativo "neoliberal" a uno de los extremos. Esta visión del desarrollo enfatiza el factor económico, y dentro del factor económico, el papel del Mercado. Este concepto límite da prioridad al libre flujo de los elementos del Mercado, principalmente el capital.

Los proponentes de esta inclinación analizaban la modernidad y las características de la personalidad de las personas del mundo "subdesarrollado" que las moverían hacia la modernidad. Aceptaron que la difusión de innovaciones frecuentemente se llevara por personas que menospreciaban otros bienes no-materiales de su cultura.

Consideraban que las obras de desarrollo eran motores económicos. Una obra como la construcción de caminos fue vista más como medio de transporte de productos que como mejoría en la entrega de los beneficios de salud o de educación.

Vino de fuera el afán del ajuste estructural que comprendía, entre otras medidas, la privatización de las empresas estatales, la "reforma" impositiva, y el establecimiento de serios compromisos de pago de la deuda externa.

Es verdad que algunas de las medidas responden a verdaderas necesidades de reforma. Pero también es verdad que el régimen neoliberal viene como anillo al dedo a los sectores poderosos de un país. Los impuestos se graban a los sueldos de los empleados mientras que los bienes de otros sectores no se identifican ni se contabilizan con tanta facilidad. La subasta de los bienes del patrimonio nacional favorece a los mejor informados o más allegados al poder.

Mientras es obvio que una economía fuerte es necesario para el logro de otros objetivos sociales, muchos han visto que la visión neoliberal del desarrollo no se basa en un cálculo defensible de las relaciones costo/beneficio sino en fundamentos ideológicos. La humanidad aún no entiende ni las fuerzas del mercado ni las de la solidaridad de un pueblo.

## *Otro concepto extremo del desarrollo: El Integral*

El otro polo del espectro semántico e ideológico del término "desarrollo" podría llamarse el desarrollo "integral". Hay grandes grupos de estudiosos y de activistas que rechazan la visión neoliberal. Hay dos anécdotas que relatan los efectos de la visión y práctica del desarrollo neoliberal. En uno escuchamos a uno inclinado a este extremo que dice que el desarrollo beneficia a todos, que es como la marea; la pleamar suspende todas las naves en el puerto. Los opositores de esta visión contestan, "Sí, pero suben más los yates que las embarcaciones pequeñas"

Un amigo Ernesto López cuenta que las medidas neoliberales, específicamente el TLCAN han beneficiado mucho a México, pero han arruinado a los mexicanos.

Es cierto que ha habido muchos esfuerzos de redistribuir la riqueza de un país dado y muchos han fracasado. Los partidarios del polo integral del desarrollo contestan que los fracasos del pasado no son razón suficiente para dejar de buscar la forma de beneficiar a la mayoría de los ciudadanos de un país, no sólo a unos cuantos mejor ubicados.

Aquellos que piden el desarrollo integral aseveran que no favorecen el gasto irresponsable de los recursos del estado, pero insisten que no son erogaciones irresponsables los gastos no remunerados en los sectores de la educación, salud, y beneficios sociales. Discrepan con los que empuñan la visión opuesta e insisten que no se puede medir el éxito de una medida del estado sólo en vista de su rentabilidad sino con la óptica de la justicia.

Ahí está el meollo de la diferencia entre las dos visiones del desarrollo. Un extremo mira la eficiencia en el logro de objetivos económicos; el otro pone más énfasis en la eficacia en el logro de la equidad y la justicia.

## La Comunicación Horizontal para el Desarrollo Integral

El entrañable amigo y coloso de la investigación de las comunicaciones en América Latina, Luis Ramiro Beltrán, ya en su crucial estudio para UNESCO (Farewell To Aristotle,) nos da un modelo trinitario de la Comunicación Horizontal que se basa en la interpenetración mutua de los elementos de acceso, diálogo, y participación.

Situó estos elementos en el marco de los derechos, necesidades, y recursos de la auténtica comunicación.

Beltrán nos recuerda que hace falta el acceso a la comunicación para que todo ser humano goce de su derecho a recibir los conocimientos necesarios para su vida actual y superación futura. La participación en la comunicación integral es el ejercicio efectivo del derecho a emitir mensajes. Finalmente, Beltrán insiste que el diálogo es el ejercicio efectivo del derecho a emitir mensajes y, al mismo tiempo, a recibirlos. Se resume y se integra el modelo postulando que el acceso inicia el proceso de la comunicación horizontal para que culmine en la participación: todo el proceso dependiendo del vaivén del diálogo.

Este enfoque rechaza la distinción verticalista y separatista entre "emisor" y "receptor" por considerar más bien "comunicadores" a los participantes del flujo de ida y vuelta de la comunicación. .

Es necesario valernos del gran valor aclaratorio de la visión de Beltrán para ir más allá. El motivo de la presente reflexión no es de sólo distinguir sino de descubrir cuáles podrían ser los rasgos de una comunicación social que acompañara y favoreciera el verdadero desarrollo de los pueblos. Tenemos que poner al descubierto las causas de la descomunicación. No interesa la parálisis del mero análisis tecnócrata.

En septiembre de 2007 los dos presidentes vecinos, Lula da Silva y Evo Morales nos dieron unas pautas de un análisis que rebasa los moldes tecnócratas. Los dos líderes en sus respectivos discursos ante las Naciones Unidas vincularon el problema del recalentamiento del ambiente con el sistema socioeconómico neoliberal vigente mundialmente. Recalcaron que no podemos hablar de la desproporción en el gasto de la energía sin hablar de la injusticia que causa y mantiene la inequidad en el aprovechamiento de los recursos energéticos del planeta. Evo y Lula dijeron que no se puede hablar del problema sin hablar de la causa.

Similarmente, no podemos conformarnos con describir y anhelar una comunicación más humana y más democrática. Tenemos que señalar que los medios masivos no son de comunicación sino de mera información unidireccional. Y más importantemente tenemos que denunciar que no es un accidente o una deformación del proceso sino el resultado inexorable de la comunicación como objeto del Mercado. No podemos hablar de la desproporción en acceso a la comunicación y la participación en ella sin hablar de la injancia que causa y mantiene la inequidad en el alcance a los recursos comunicacionales del planeta.

Ofrecemos el siguiente esquema con pleno conocimiento de su carácter superficial y artificial. Se emplea este sencillo recurso didáctico de cruzar coordenadas para representar nuestro tema en un solo vistazo. Esperamos que la posibilidad de ver las relaciones en una sola página fomente la reflexión y la acción para evitar lo que sucede en los estudios más serios, el perder la visión global en el berenjenal de los detalles.

# Una Visión Esquemática de la Comunicación para el Desarrollo

La tabla pone al descubierto la relación entre los conceptos extremos de los términos "comunicación" y "desarrollo". En verdad hay un continuo de visiones del desarrollo entre medio de los dos extremos. Sin embargo, empleamos la esquematización para fines didácticos para entender mejor los cuatro casos ejemplares. No repetiremos esta salvedad que obviamente vale para el resto del análisis.

El encuentro de la comunicación vertical con el concepto neoliberal de desarrollo describe el caso actual de la "comunicación para el desarrollo" en muchos países. La idea central del concepto neoliberal es la primacía del capital entre todos los factores de la sociedad. Dado el caso del dominio del neoliberalismo global, sociedades de diferentes sistemas económicas, sean socialistas o sean capitalistas. Pese a los estudios de muchos economistas y muchos experimentos, la humanidad aún no entiende ni las fuerzas del mercado ni las de la solidaridad de un pueblo.

Al cruzar los significados extremos de ambos términos, formamos una tabla de cuatro escenarios.

Las **dos columnas** rigen las dos acepciones del concepto "desarrollo"; y **las dos filas** contienen los dos extremos del concepto de "comunicación". Dicho de otra forma, la columna de la izquierda es el espacio del desarrollo neoliberal y la de la derecha del desarrollo integral. Asimismo, la fila superior cruza la comunicación vertical con las dos visiones del desarrollo, y en la misma forma, la fila inferior cruza la comunicación horizontal con las dos visiones del desarrollo.

*Las columnas:* Vemos que la columna de la izquierda, el espacio del desarrollo neoliberal, se cruza con los dos extremos del concepto de la comunicación. De igual forma la columna de la derecha representa la visión del desarrollo integral en su relación con ambos conceptos de la comunicación.

***Las filas:*** Asimismo la fila superior cruza la comunicación vertical con las dos visiones del desarrollo, y en la misma forma, la fila inferior cruza la comunicación horizontal con las dos visiones del desarrollo.

## Los escenarios:

*El Primer escenario*, el encuentro de la comunicación vertical con el desarrollo neoliberal, representa la mayoría de las situaciones actuales, los estados en los cuales la comunicación social está al servicio del Mercado.

*El Segundo escenario*, el encuentro de la comunicación vertical con el desarrollo integral, representa el estado reformista, populista, paternalista que podría inclinarse a lo fascista. *En la práctica se parece al tercer escenario de la comunicación horizontal con el desarrollo neoliberal*

*El Tercer escenario*, el encuentro de la comunicación horizontal con el desarrollo neoliberal, representa las situaciones donde la comunicación es cooptada e instrumentalizada... *En la práctica se parece al segundo escenario de la comunicación vertical con el desarrollo integral*

*El Cuarto escenario*, el encuentro de la comunicación horizontal con el desarrollo integral, representa la situación utópica que tratamos de forjar, la comunicación participativa coordinada con una visión integralmente humana del desarrollo.

Es obvio que nuestro cuadro es simplificado. En verdad hay un continuo de visiones del desarrollo entre medio de los dos extremos. Sin embargo, empleamos la esquematización para fines didácticos de poder entender mejor los dos extremos ejemplares. No repetiremos esta salvedad que vale para todo el análisis.

*Escenarios 1 y 2 comparan las características de la comunicación*
*VERTICAL en ambientes Neo Liberal e Integral*

| Neo Liberal | Integral |
|---|---|
| **Escenario 1.** | **Escenario 2.** |
| • La Comunicación es vista como otro objeto de comercio. | • Programas "experimentales" de reformas sociales promulgados por el gobierno. |
| • La Comunicación es monopolio de "profesionales". | • El movimiento cooperativista importado de otros países. |
| • Los medios de comunicación del estado son débiles. | • La "participación" popular con programas rígidos. |
| • Existe la previa autocensura de los medios de comunicación privados. | • Actividades de "capacitación" sindicalista preconcebidas. |
| • El pueblo recibe la comunicación. | • Programas de comunicación de la oposición. |
| • Hay poco diálogo entre los participantes en la comunicación... | |

*Escenarios 3 y 4 comparan las características de la comunicación*
*HORIZONTAL en ambientes Neo Liberal e Integral*

| Neo Liberal | Integral |
|---|---|
| **Escenario 3.**<br>• Reclutamiento de los ONG para la difusión del mensaje del gobierno.<br>• Instrumentalización del método Freiriano para difundir mensajes oficiales.<br>• Difusión de esquemas de participación popular guiada por las elites.<br>• Programas de comunicación de corte populista y demagógico.<br>• Característico de los años 80 y 90 durante la fase de la "democratización" | **Escenario 4.**<br>• Legalización de medios comunitarios (radio y TV).<br>• Sostenibilidad de los medios comunitarios.<br>• Acceso de sectores popular a los medios de comunicación.<br>• Capacitación técnica de gente "no profesional" en la producción y manejo de los medios.<br>• Reducción de la brecha digital.<br>• La utopía anhelada en el siglo XXI. |

La moraleja de esta pequeña reflexión es:

• que la comunicación horizontal es difícil de lograr dentro de la economía neoliberal,
• que aún en los ambientes o instituciones que buscan una visión de desarrollo nueva, más integral, sigue al asecho la comunicación vertical,
• que el desafío permanente es de lograr una sociedad donde existe la comunicación horizontal y un ambiente de desarrollo integral.

## Trabajos Recientes del Autor

*Escucha y Habla inglés,*
*Claves de Pronunciación y Gramática para*
*el hispano*

Cuesta más la recta final. Este libro ayudará al hispano que ya sabe algo de inglés y que quiere llegar a dominar el idioma aún más. Es fruto de la experiencia de muchos años de enseñanza a inmigrantes hispanos en el sistema CUNY (Universidad de la Ciudad de Nueva York y en universidades privadas y estatales de Bolivia y Perú. ¡Escucha y Habla Inglés! ofrece "claves" para evitar los errores de gramática y pronunciación que asechan al hispano.

Con la compra del libro el lector recibe el enlace a un sitio gratuito del internet de donde podrá escuchar o descargar más de 100 archivos sonoros de muestras de la pronunciación. Una nota especial del libro es su uso de los símbolos del IPA (las siglas en ingles), el Alfabeto Fonética Internacional. El libro se caracteriza por el texto asequible y cuenta con muchas tablas y cuadros explicativos. El autor insiste que el aprender unos cuantos signos del IPA es la mejor forma de reconocer, recordar, y dominar los sonidos propios del inglés.

Consíguelo en Amazon, en forma impresa o la versión Kindle:

http://tinyurl.com/jmyx5xw

**Por favor califique nuestros libros en Amazon. Gracias!**

*Wake up your Writing*

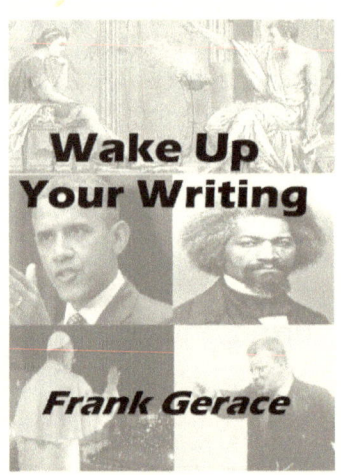

A light hearted look at the classical rhetorical devices aimed at providing inspiration and models to new writers. Examples are given of everyday English, classical and modern writers.

Get it from Amazon in print or as Kindle:
*De Amazon, en forma impresa o la versión Kindle:*

**https://tinyurl.com/z7do9gx**

## ESL and Adult Learners of English CAN WRITE WELL

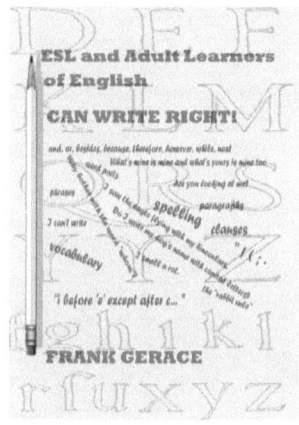

Writing for advanced ESL (English as Second Language) readers and other interested adult learners. An exploration of the Grammar, Spelling, Usage, as well as a Method that will give them information, skills, and confidence. The book contains extensive cross referencing among related topics. Most of the chapters have exercises and answers.

Get it from Amazon in print or as Kindle:
***De Amazon, en forma impresa o la versión Kindle:***

**https://tinyurl.com/j6w5apm**

**Please review our books on Amazon**

www.ingramcontent.com/pod-product-compliance
Lightning Source LLC
Chambersburg PA
CBHW050443290526
45786CB00006B/2146